経済学計算問題の<ruby>楽々<rt>らくらく</rt></ruby>攻略法

神戸大学大学院教授
滝川好夫 著

税務経理協会

序　　文

I　本書のねらい

　経済学の本には，読者のみなさんにとって苦手な数学がたくさんでてきます。また，経済学の試験問題には計算問題がでています。ですから，経済学を理解するためには，ある程度の数学知識が必要であると言われています。

　そこで，読者のみなさんは『…経済数学入門…』や『…数理経済学入門…』といった書名の本を見たり，読んだりしたことがあると思います。しかし，それらの教科書・参考書は，たとえ入門レベルであったとしても，「経済学を受験するためにどうしても数学知識を必要とするが，数学が苦手な人」のための本ではなく，あくまでも「経済学を学ぶにあたって数学を好んで使う人」のための本ばかりです。それらの教科書・参考書が取り扱っている数学知識のかなりの部分はレベルが高すぎて，みなさんにとって必要ではありません。

　みなさんが必要としているのは，経済学を学ぶのに，また経済学の計算問題を解くのに必要最小限の数学知識だと思います。そこで，本書は，次のような人を念頭に書き上げました。

① 　経済学を学びたい，しかし数学が苦手な人
② 　経済学の計算問題を解かなければならない，しかし数学が苦手な人
③ 　大学院に進学するので経済数学を学びたい，しかし十分な時間がない人

つまり，本書は，

「数学が苦手な人のために」

書かれた本です。

II　本書の特徴

(1) 数学知識を必要とするが，数学を苦手とする人のための参考書

　経済学は言葉，図，数式の3つの方法で理解できると言われています。確かに，講義でも本でも，同じ内容を言葉で説明したり，図で表したり，数式で展開したりしています。ですから，たとえ数学が苦手で，数式による表現にアレルギーがある人でも，図や言葉で経済学を学ぶことができると思われるかも知れません。確かに，数学記号・数式なしに，図や言葉で経済学をある程度は理解できるでしょう。しかし，図や言葉だけで経済学を学んでいると，大学の定期試験を受ける人，公務員，公認会計士，証券アナリスト，不動産鑑定士試験などで経済学を受験する人にとって，計算問題が出てきたときは困ってしまいます。本書は，計算問題で苦しんでいる人が，問題解決の糸口をつかむことができるように書かれた読みやすい手引書です。

(2) 数理経済学の入門書

　経済学研究者の間で高い評価を受けている数理経済学の本にA.C.チャンの *Fundamental Methods of Mathematical Economics*（大住栄治・小田正雄・高森寛・堀江義訳『現代経済学の数学基礎』マグロウヒルブック，昭和54年11月）があります。同書は，たいへん良い本だと思いますが，上下2巻，総ページ876ページの大著ですので，すべてを読もうと思えば相応の時間がかかってしまいます。

　本書は，主として同書に基づいて書かれており，内容としては，いわば「チャンの『現代経済学の数学基礎』の要点整理」になっています。チャンの本は中級レベルの経済数学の本と言われていますので，200ページぐらいの本書で，同書をやさしく理解できるのは，とりわけ大学院へ進学するために短時間で数理経済学のエッセンスを学びたい人には便利だと思います。

Ⅲ　本書の使用法

(1)　「学習のポイント：こんな計算問題が出たら」

　本書のような本は，『経済数学の入門書』と呼ばれることが多いと思いますが，本書は経済学に対する数学アプローチを学習する本ではありません。本書のねらいは，試験（大学の定期試験，公務員，公認会計士，証券アナリスト，不動産鑑定士などの試験）に出題される経済学計算問題を解くための「数学ノウハウ」を身につけてもらうことです。ですから，第1～3章では，試験問題としてよく出題される経済学の基本計算問題を20題選び，解答＆解答の解説を行っています。まずは，どのような計算問題が出題され，どんな数学能力が必要とされるのか，どのような数学知識が不足しているのかを理解しましょう。それらは計算問題学習のポイントを示すものです。

(2)　問題解法のための宝典

　本書は，数学トラブルにあったときに，問題解決の糸口をつかむことができるように書き上げたものです。本書は，定義・定理・公式を検索するのに都合が良い，使いやすい事典形式で，つまり小項目主義の構成で書かれています。また，検索の便になるように，詳しい目次を挙げています。

　公式や定理は「おぼえるより使ってなれる」ことが大切であると言われています。計算問題の学習では，その内容を理解するために，学んだことを応用することができるように，問題による練習が必要です。時間の許すかぎり，たくさんの【練習問題】を解くことをすすめます。

2000年5月

　　　　　　　　　　　　　　神戸大学大学院経済学研究科　滝川　好夫

（付記）　本書の企画は，税務経理協会・税経セミナー編集部の清水香織氏によるものです。同氏には原稿作成過程でさまざまなアドバイスをいただき，ここに，記して感謝申し上げる次第です。三重大学人文学部の後閑洋一講師には草稿に目を通していただき，貴重なコメントを頂戴した。また，神戸大学経済学部助手の金山貴美さんには図表の作成を分担していただきました。ここに記して感謝の意を表します。

目　次

序　文
項目索引
図表一覧表（ギリシャ文字一覧）

第1部　学習のポイント：こんな計算問題が出たら

第1章　ミクロ経済学の計算問題　……………………3

問題1：短期の生産者行動理論（1要素）………………………3
問題2：消費者行動の理論………………………………………5
問題3：貯蓄の理論………………………………………………10
問題4：労 働 供 給………………………………………………13
問題5：生産関数の性質…………………………………………14
問題6：企業の費用最小化問題（2要素）………………………16
問題7：不確実性の経済学………………………………………18
問題8：部分均衡分析……………………………………………21
問題9：ワルラスの価格調整とマーシャルの数量調整…………24
問題10：消費者余剰と生産者余剰………………………………26
問題11：外部不経済………………………………………………30
問題12：公共財の最適供給とリンダール・メカニズム…………32
問題13：不完全競争市場の理論（独占企業の理論）……………34
問題14：ナッシュ均衡の求め方（ゲームの理論）………………36

第2章　マクロ経済学の計算問題　……………………39

問題15：45度線分析………………………………………………39

問題16：ＩＳ－ＬＭ分析……………………………………………42
　　問題17：ＡＤ－ＡＳ（総需要－総供給）分析 ………………………44

　第３章　経済動学の計算問題…………………………………………………49

　　問題18：ハロッド＝ドーマーの成長理論……………………………49
　　問題19：新古典派経済成長理論………………………………………50
　　問題20：くもの巣モデル………………………………………………51

第２部　ミクロ経済学のための基礎数学

第４章　関　　　数……………………………………………………………57

Ⅰ　変数，定数およびパラメーター………………………………………57
　　１　数学的経済モデル…………………………………………………57
　　２　変数，定数およびパラメーター…………………………………57
　　３　実数の体系…………………………………………………………58

Ⅱ　方程式と不等式…………………………………………………………59
　　１　３つのタイプの方程式……………………………………………59
　　２　不等式：例えば，$p_1 x_1 + p_2 x_2 < E_0$（予算集合）……………59
　　３　絶対値と不等式……………………………………………………60
　　４　比　例　式…………………………………………………………61

Ⅲ　関係と関数………………………………………………………………61
　　１　関係：集合　$\{(L, y) \mid L \geq y\}$ ……………………………………61
　　２　関数：集合　$\{(L, y) \mid y = f(L) = 5L\}$ ……………………………62
　　３　独立変数と従属変数………………………………………………62
　　４　定義域（変域）と値域……………………………………………62

Ⅳ　関数 $y = f(L)$ のいろいろな型………………………………………63
　　１　定値関数（定数関数）……………………………………………64
　　２　多　項　関　数……………………………………………………64

3　有理関数……………………………………………………………65
  4　非代数関数（超越関数）………………………………………65
V　方程式の解……………………………………………………………66
  1　1次方程式 $y = a_0 + a_1L = 0$ の解 ……………………………66
  2　2次方程式 $y = a_0 + a_1L + a_2L^2 = 0$（$a_2 \neq 0$）の解 …………66
  3　2次方程式の解の符号…………………………………………67
VI　不等式の解……………………………………………………………67
  1　1次不等式 $ax > b$ の解………………………………………67
  2　2次不等式の解…………………………………………………67
VII　逆関数………………………………………………………………69
VIII　2個の独立変数をもつ関数とk次同次関数…………………………69
  1　2個の独立変数をもつ関数……………………………………69
  2　k次同次関数……………………………………………………69
IX　乗法公式………………………………………………………………70
  1　整式の乗法………………………………………………………70
  2　乗法公式…………………………………………………………70
X　指数の法則……………………………………………………………71
  1　指数の定義………………………………………………………71
  2　指数の法則………………………………………………………71
第4章の補論1　集合の概念……………………………………………71
  1　集合（例えば，A）の表し方…………………………………71
  2　集合の間の関係…………………………………………………72
  3　集合の演算………………………………………………………72
  4　有限集合の要素の個数…………………………………………73
第4章の補論2　順列と組合せ…………………………………………73
  1　順　列……………………………………………………………73
  2　組合せ……………………………………………………………74

第4章の補論3　数列と無限級数 …………………………………74

 1　数　　列 ………………………………………………74
 2　等差数列の和（S_n）の公式 ………………………75
 3　等比数列の和（S_n）の公式 ………………………75
 4　Σ（シグマ）計算 ……………………………………76
 5　無限数列と無限級数 …………………………………76

第4章の補論4　必要条件と十分条件 …………………………77

 1　If …, then … ………………………………………77
 2　必要条件，十分条件，必要十分条件 ………………78

第5章　指数関数と対数関数 …………………………………79

 Ⅰ　指　数　関　数 ………………………………………79
  1　指　　数 ………………………………………………79
  2　指　数　関　数 ………………………………………79
  3　指数関数 $y = a b^{cx}$ の図示 ……………………79
 Ⅱ　自然指数関数 ……………………………………………80
  1　指数関数と自然指数関数 ……………………………80
  2　自然指数関数の解釈 …………………………………80
 Ⅲ　複利の公式と現在価値 …………………………………81
  1　複利の公式 ……………………………………………81
  2　現在価値と将来価値 …………………………………82
 Ⅳ　常用対数・自然対数と対数関数 ………………………83
  1　対数と対数関数 ………………………………………83
  2　常用対数と自然対数 …………………………………83
 Ⅴ　対数の法則 ………………………………………………84
 Ⅵ　指数方程式の解法 ………………………………………84
  1　指数方程式 ……………………………………………84
  2　指数方程式の解法 ……………………………………85

第6章 微　　分……………………………………………………87

Ⅰ 導　関　数………………………………………………………87
1 生 産 関 数……………………………………………………87
2 微分係数と導関数………………………………………………87
3 導関数と曲線の勾配……………………………………………90

Ⅱ 関数の連続性と微分可能性……………………………………92
1 関数の連続性……………………………………………………92
2 関数の微分可能性………………………………………………92

Ⅲ 1変数の関数についての微分法………………………………94
Ⅳ 同じ変数が複数の関数に見られる場合の微分法……………95
Ⅴ 異なった変数の関数についての微分法（鎖法則）…………96
Ⅵ 逆 関 数 法………………………………………………………97
1 逆 関 数…………………………………………………………97
2 逆 関 数 法………………………………………………………98

Ⅶ 指数関数と自然指数関数の微分の公式………………………98
1 指数関数の微分…………………………………………………98
2 自然指数関数の微分……………………………………………98

Ⅷ 対数関数の微分の公式…………………………………………99

Ⅸ 成　長　率………………………………………………………100
1 ストックとフロー：時間の概念………………………………100
2 瞬間的な成長率…………………………………………………100
3 成長率の求め方…………………………………………………100
4 関数を組み合わせたときの成長率……………………………101

Ⅹ 弾　力　性………………………………………………………103
1 yのxに関する弾力性……………………………………………103
2 需要の価格弾力性………………………………………………103

第7章 偏微分と全微分 … 105

I 偏微分 … 105
1 効用関数と効用曲面 … 105
2 偏微分 … 106

II 偏微分と関数的従属のヤコビアン判定法 … 108
1 偏微分とヤコビ行列式（ヤコビアン） … 108
2 関数的従属のヤコビアン判定法 … 109

III 全微分 … 110
1 全微分 … 110
2 全微分の4つの法則 … 110
3 限界代替率と全微分 … 111

IV チャンネル図と全導関数 … 112
1 チャンネル図：直接効果と間接効果 … 112
2 全導関数 … 112

V 陰関数の導関数 … 113
1 陽関数と陰関数 … 113
2 陰関数の導関数 … 114

第8章 1つの選択変数の最適化 … 115

I 最適値と極値 … 115
1 最適化問題と極値 … 115
2 目的関数と選択変数 … 115

II 絶対的な極値と相対的な極値 … 116

III 極値の1次導関数テスト … 117
1 極値の存在 … 117
2 極小と極大の1次導関数テスト … 118
3 極値と変曲点 … 118

Ⅳ　2次および高次の導関数 ………………………………………119
　　　1　高次の導関数（導関数の導関数）………………………………119
　　　2　2次導関数の解釈 ………………………………………………120
　　　3　1次導関数と2次導関数の符号の組み合わせ ………………121
　　　4　凹性と凸性 ………………………………………………………122
　Ⅴ　極値の2次導関数テスト ……………………………………122
　　　1　極値についての2次導関数テスト ……………………………122
　　　2　利潤最大化の2階の条件 ………………………………………123
　Ⅵ　マクローリン級数 ……………………………………………124
　　　1　マクローリン級数とテーラー級数 ……………………………124
　　　2　マクローリン級数 ………………………………………………124
　Ⅶ　テーラー級数 …………………………………………………125
　Ⅷ　1変数関数の極値のためのn次導関数テスト …………………126

第9章　2つの選択変数の最適化 ……………………………127

　Ⅰ　偏導関数と全微分 ……………………………………………127
　　　1　2つの選択変数の最適化 ………………………………………127
　　　2　偏 導 関 数 ………………………………………………………128
　　　3　全 微 分 …………………………………………………………129
　Ⅱ　2変数関数の極値 ……………………………………………130
　　　1　極大値のための条件 ……………………………………………130
　　　2　極小値のための条件 ……………………………………………130
　Ⅲ　2変数の2次形式 ……………………………………………131
　　　1　2 次 形 式 …………………………………………………………131
　　　2　正値定符号と負値定符号 ………………………………………132
　Ⅳ　固有根による定符号のチェック ……………………………134
　　　1　固有方程式と固有根 ……………………………………………134
　　　2　2次形式の定符号 ………………………………………………136

第10章　制約つき最適化 ……………………………………………137

I　制約条件 …………………………………………………………137
1　制約条件と最適値 ………………………………………………137
2　制約の効果 ………………………………………………………137
3　制約条件の数 ……………………………………………………138

II　ラグランジュ乗数法 ……………………………………………138
1　極値の求め方 ……………………………………………………138
2　ラグランジュ乗数法 ……………………………………………139
3　ラグランジュ乗数の意味 ………………………………………141

III　制約つき最適化とラグランジュ乗数法 ………………………142
1　極値のための1階の条件 ………………………………………142
2　極値のための2階の条件 ………………………………………142

第11章　行列とベクトル ……………………………………………147

I　一般均衡分析と連立方程式 ……………………………………147
1　部分均衡分析と一般均衡分析 …………………………………147
2　2財市場モデル …………………………………………………147
3　連立方程式の解：方程式の数と未知数（内生変数）の数 …………149

II　連立方程式と行列代数 …………………………………………150
1　連立方程式の行列表示 …………………………………………150
2　行列代数を使用することの長所と短所 ………………………151

III　行列とベクトル …………………………………………………152
1　行　列 ……………………………………………………………152
2　行列の次元 ………………………………………………………153
3　行列の種類 ………………………………………………………153
4　行列の階数（ランク） …………………………………………156
5　ベクトル …………………………………………………………156

Ⅳ　行列の演算 …………………………………………………………157
　　　1　等号の定義 ………………………………………………………157
　　　2　行列の加減 ………………………………………………………157
　　　3　スカラー倍 ………………………………………………………157
　　　4　行 列 の 積 ………………………………………………………157
　　　5　行列の割り算 ……………………………………………………158
　Ⅴ　ベクトルの演算 ……………………………………………………159
　　　1　パレート最適とベクトル ………………………………………159
　　　2　ベクトルの演算 …………………………………………………159

第12章　数理計画法 ……………………………………………………163

　Ⅰ　数理計画法 …………………………………………………………163
　　　1　数理計画法 ………………………………………………………163
　　　2　線型計画法と非線型計画法 ……………………………………164
　Ⅱ　双 対 問 題 …………………………………………………………166
　　　1　主問題と双対問題 ………………………………………………166
　　　2　双 対 定 理 ………………………………………………………166
　Ⅲ　クーン＝タッカーの条件 …………………………………………167
　　　1　極値のための1階の条件 ………………………………………167
　　　2　クーン＝タッカーの条件 ………………………………………167

第3部　マクロ経済学のための基礎数学

第13章　行列と行列式 …………………………………………………173

　Ⅰ　産業連関表と連立方程式体系 ……………………………………173
　　　1　産業連関表 ………………………………………………………173
　　　2　投 入 係 数 ………………………………………………………174
　　　3　産業連関表と連立方程式体系 …………………………………175

Ⅱ 行　列　式 ……………………………………………………… 176
   1　正方行列Ｂの行列式 ……………………………………… 176
   2　行列式の5つの性質 ……………………………………… 179
Ⅲ 行列式による非特異性の判定 …………………………………… 180
   1　行列の「非特異性」の意味 ……………………………… 180
   2　行列が「非特異性」をもつための必要十分条件 ……… 180
   3　行列式による非特異性の判定 …………………………… 181
Ⅳ 逆行列の求め方 …………………………………………………… 181
   1　3次の非特異行列（Ｄ）の逆行列の求め方 …………… 181
   2　2次の非特異行列（Ｂ）の逆行列の求め方 …………… 182
Ⅴ クラーメルの公式 ………………………………………………… 183

第4部　経済動学のための基礎数学

第14章　経済動学と積分法 ……………………………………… 189

Ⅰ 動学と積分法 ……………………………………………………… 189
   1　動学の分析目的 …………………………………………… 189
   2　動学分析の特徴 …………………………………………… 189
   3　経済動学の本質 …………………………………………… 190
Ⅱ 不　定　積　分 …………………………………………………… 191
   1　微分と積分 ………………………………………………… 191
   2　積分の7つの法則 ………………………………………… 192
Ⅲ 定　積　分 ………………………………………………………… 193
   1　不定積分と定積分 ………………………………………… 193
   2　曲線の下方面積と定積分 ………………………………… 194
   3　定積分の7つの性質 ……………………………………… 196
   4　ハロッド＝ドーマーの成長モデル ……………………… 197

第15章　微分方程式 …………………………………………………201

Ⅰ　微分方程式の整理 ………………………………………………201
1　微分方程式の「階」……………………………………………201
2　微分方程式の「次数」…………………………………………201
3　定数項・可変項と定係数・可変係数 …………………………202
4　定量分析と定性分析 ……………………………………………203

Ⅱ　定数項と定係数をもつ1階線型微分方程式 …………………204
1　同次の微分方程式 ………………………………………………204
2　非同次の微分方程式 ……………………………………………205
3　ワルラスの価格調整 ……………………………………………207
4　ソローの新古典派成長モデル …………………………………209

第16章　差分方程式 …………………………………………………213

Ⅰ　差分方程式の整理 ………………………………………………213
1　微分方程式と差分方程式 ………………………………………213
2　微分と差分 ………………………………………………………214
3　差分方程式の分類 ………………………………………………214

Ⅱ　1階差分方程式 …………………………………………………215
1　1階差分方程式の解法 …………………………………………215
2　均衡の動学的安定性 ……………………………………………218
3　くもの巣モデル …………………………………………………221

Ⅲ　2階差分方程式 …………………………………………………224
1　2階差分方程式の解法 …………………………………………224
2　均衡の動学的安定性 ……………………………………………228
3　乗数分析と加速度原理の相互作用のモデル …………………230
4　複素数と円関数 …………………………………………………235

項目索引

〔あ〕

- IS方程式 ……………………… 42
- IS－LMモデル ……………… 42
- 鞍点 …………………………… 131
- 異時間的均衡価格 …………… 222
- 異時間的均衡所得水準 ……… 231
- 異時間的均衡水準 …………… 209
- 位相図 …………………… 203, 218
- 位相線 …………………… 203, 218
- 一意の解 ………………… 150, 181
- 1次関数 ……………………… 64
- 1次結合 ……………………… 161
- 1次従属 ……………………… 161
- 1次全微分 …………………… 129
- 1次導関数 …………………… 118
- 1次導関数テスト …………… 118
- 1次独立 ……………… 156, 161, 181
- 1次独立性 ……………… 155, 180
- 1次不等式 …………………… 67
- 1次方程式 …………………… 66
- 1階線型微分方程式 ………… 202
- 1階の導関数 ………………… 118
- 一般解 …………………… 205, 216
- 一般均衡分析 ………………… 147
- 一般項 ………………………… 74
- 移動均衡 ……………………… 209
- 陰関数 ………………………… 113
- 陰関数の導関数 ……………… 114
- 因数分解 ……………………… 71
- インテグラル ………………… 192
- インフレギャップ …………… 39
- AD－ASモデル ……………… 44
- n次導関数テスト …………… 126
- LM方程式 …………………… 42
- 円関数 ………………………… 235

- 凹性 …………………………… 122

〔か〕

- 開区間 ………………………… 59
- 階乗 …………………………74, 125
- 外生変数 ……………………… 57
- 外部不経済 …………………… 30
- 確定解 …………………… 205, 217
- 加速度因子 …………………… 230
- 加速度原理 …………………… 230
- 可能解 ………………………… 164
- 可能領域 ……………………… 164
- 貨幣の価格 …………………… 149
- 関係 …………………………… 61
- 関数 …………………………… 62
- 関数的従属 …………………… 109
- 関数的独立性 ………………… 149
- 関数の関数 …………………… 97
- 関数のなめらかさ …………92, 117
- 関数の連続性 ………………… 92
- 間接効果 ……………………… 112
- 完全方程式 ……………… 205, 216
- 機会費用 ……………………… 13
- 期間 …………………………… 214
- 期間分析 ……………………… 214
- 企業の短期供給関数 ………… 21
- 危険愛好者 …………………… 19
- 危険回避者 …………………… 19
- 危険中立者 …………………… 19
- 技術的限界代替率 …………… 14
- 期待効用 ……………………… 18
- 期待値 ………………………… 18
- 規模に関する収穫法則 ……15, 69
- 逆関数 ………………………4, 69, 97
- 逆関数法 ……………………… 98
- 逆供給関数 …………………… 28

逆行列	155, 181
逆需要関数	28
級数の和	77
共役複素数	238
境界条件	190
供給関数	3
供給者価格	25
供給者価格関数	27
共通集合	72
行ベクトル	156
行列	134, 152
行列式	176
行列式のラプラス展開	178
行列代数	151
行列の演算	157
行列の階数	156
行列方程式	134
極限値	76
極限の存在	89
極小	118
極小値	130
極小値のための1階の条件	130
極小値のための2階の条件	130
極小であるための2階の条件	143
極小点	126
曲線の勾配	120
極大	118
極大値	130
極大値のための1階の条件	130
極大値のための2階の条件	130
極大であるための2階の条件	143
極大点	126
極値	115
極値のための1階の条件	123
極値のための2階の条件	123
曲率	122
均衡価格	207
均衡式	59
均衡の安定性	207
均衡の動学的安定性	203, 218, 228
均衡予算乗数	39
空集合	72
クーン=タッカーの条件	167
鎖法則	96, 192
組合せ	74
くもの巣現象	222
くもの巣モデル	51, 221
クラーメルの公式	183
形式	132
係数	58
k次同次関数	69
ゲームの理論	36
元	71
限界外部費用	30
限界関数	93
限界効用	108
限界効用逓減の法則	108
限界生産力	3, 14, 90, 91
限界生産力逓減の法則	91
限界損失	30
限界代替率	8, 111
限界費用	3, 95
現在価値	10, 82, 196
原始関数	91, 93, 94, 95, 201
高階微分方程式	201
公共財	32
公差	75
交差偏導関数	129
高次の導関数	119
合成関数	97
厚生上の損失	26
恒等記号	59
恒等行列	153
行動式	59
勾配	64
公比	75
効用関数	105
効用関数の全微分	111

効用曲面 …………………………105
コーシー・シュワルツの不等式………60
コブ・ダグラス型生産関数 ……57, 70
固有根 ………………………134, 135, 232
固有値 ………………………………135
固有ベクトル ………………………135
固有方程式 …………………134, 135, 232
固有方程式の正規化 ………………226

〔さ〕

最適化問題 …………………115, 127
最適消費計画 …………………………6
差分…………………………………87, 214
差分係数……………………………87, 106
差分方程式 ………………………213, 214
3次関数 ……………………………63
三角関数 ……………………………66
産業連関表 …………………………173
産業の長期均衡……………………21
死荷重………………………………26
時間経路 ……………………………190
シグマ ………………………………76
市場供給関数 …………………21, 26
市場需要関数 ………………………26
指数…………………………………79
次数…………………………………64, 201
指数関数……………63, 66, 79, 80, 83
指数関数の微分 ……………………98
指数の底（てい）……………………79
指数の法則 …………………………71
指数方程式 …………………………84
自然指数関数 ………………………80
自然指数関数の微分 ………………98
自然数………………………………76
自然成長率…………………………49
自然対数 …………………………83, 84
失業率………………………………47
私的限界便益曲線 …………………31
私的費用……………………………30

時点…………………………………214
支配根………………………………229
自明解………………………………186
社会的限界便益……………………33
社会的総余剰………………………26
社会的費用…………………………30
写像 ………………………………62, 97
重解…………………………………67
従価税………………………………26
集合…………………………………71
収束する……………………………76
従属変数……………………………62
十分条件……………………………78
従量税 ……………………………26, 30
主観的時間選好率…………………10
首座小行列式 ……………………134, 144
主問題………………………………166
需要関数……………………………5
需要者価格…………………………25
需要者価格関数……………………27
需要の価格弾力性…………………5
需要の所得弾力性…………………5
瞬間的成長率……………………81, 100
順列…………………………………73
小域における ………………………116
小行列式……………………………178
乗数分析……………………………230
消費者価格…………………………26
消費者余剰…………………………26
乗法公式……………………………70
常用対数……………………………83
将来価値……………………………82
初期条件……………………………190
初項…………………………………74
真数…………………………………83
真部分集合…………………………72
数理計画法…………………………163
数列…………………………………74
スカラー……………………………157

スカラー積 … 135, 160	双対問題 … 166
ストック … 100	ソローの新古典派成長モデル … 50, 209
正規化 … 203	ソロー方程式 … 210
正規直交ベクトル … 135	損益分岐点 … 3
生産者価格 … 26	
生産者余剰 … 26	〔た〕
生産能力創出効果 … 197	大域における … 116
整数 … 58	対称行列 … 154
正値定符号 … 132, 143	対数 … 83
成長率 … 100	対数関数 … 63, 66, 83
正方行列 … 153	対数関数の微分 … 99
制約式 … 165	対数の法則 … 84
制約条件 … 137	対数微分法 … 100
制約つき最適化 … 137	互いに素である … 72
積分 … 190, 191	多項関数 … 64
積分定数 … 191	単位行列 … 153
ＣＥＳ型生産関数 … 15, 70	単位ベクトル … 156
接触点 … 165	短期市場均衡 … 21
接線の方程式 … 91	短期の生産関数 … 3, 57, 69, 87
絶対値 … 60	端点 … 117, 165
絶対的な極値 … 116	弾力性 … 103
接点 … 165	値域 … 62
零行列 … 153	チェビシェフの不等式 … 60
線型 … 201	チャンネル図 … 112
線型関数 … 63, 64	中間値の定理 … 92
線型近似 … 151	超過需要者価格 … 25
線型性の仮定 … 151	超過需要量 … 25
線型方程式体系 … 180	超過利潤 … 34
線型連立方程式体系 … 155	長期の生産関数 … 3, 57, 69, 87
線型連立方程式体系の解 … 158	長期費用関数 … 16
選択変数 … 115, 127	直接効果 … 112
尖点 … 117	貯蓄関数 … 10
全導関数 … 112	直角双曲線 … 63, 65
全微分 … 110, 129	定義域 … 62
相加平均 … 60	定義式 … 59
総関数 … 93	逓減 … 120, 121
相乗平均 … 60	定常解 … 217
相対的な極値 … 116	定常均衡 … 209
双対定理 … 166	定常状態 … 50

定数······58
定数関数······64
定積分······193
逓増······120, 121
定値関数······64
停留値······118, 143
テーラー級数······124
テーラー展開······151
適正成長率······49
デフレギャップ······39
展開する······124
転置行列······154
ド・モアブルの定理······228, 238
動学······189
導関数······87, 93, 94, 95, 128, 191
導関数の導関数······91, 119
等号記号······59
等差数列······74, 75
投資乗数······39
同次の微分方程式······204
同次方程式体系······185, 186
同値······61
投入係数······174
等比数列······74, 75
特異行列······154, 155, 180
特殊解······205
特殊積分······206, 217
特性方程式······232
独占企業······34
独立変数······62
凸（とつ）······65
凸集合······165
凸性······122
ドット（○）······193

〔な〕

内生変数······57
内積······157
ナイフ・エッジ定理······198

ナッシュ均衡······36
2階差分······224
2階差分方程式······224
2階線型差分方程式······215
2階の条件······131
2次関数······63, 64
2次形式······131, 132
2次形式の定符号······136
2次全微分······129
2次導関数テスト······122, 123
2次の導関数······91
2次不等式······67
2次偏導関数······128
2次方程式······66
2次方程式の2根の間の関係······232
2次方程式の解······66
2次方程式の解の符号······67
望ましい底······80

〔は〕

パラメーター······58
パレート改善······159
パレート基準······159
ハロッド＝ドーマーの成長モデル······197
ハロッド＝ドーマーの成長理論······49
判別式······66, 132, 133
非線型計画法······165
非線型微分方程式······202
非代数関数······65
左側極限······89
必要十分条件······78
必要条件······78
非同次の微分方程式······205
非特異行列······155, 180, 181
非特異性······180
非負制約······166
微分······214
微分可能性······92
微分係数······87, 88

微分法	94
微分方程式	191, 201, 213
費用関数	3
比例式	61
複素数	235
複利	81
縁つきヘシアン	142, 144
負値定符号	132, 143
不定	66, 133
不定積分	191
不等号	60
不等式	59, 60, 67
不等式制約	163
不能	66
部分均衡分析	147
部分集合	72
部分積分	192
フロー	100
分数	58
平均生産力	3, 91
平均値の定理	94
平均費用	3, 95
平均変化率	87, 106
閉区間	59
閉集合	165
平方完成	65
平方根	58
ベキ数	64
ベクトル	156, 159
ベクトル演算	160
ベクトル点の間の距離	161
ベクトルの積	159
ベクトルの内積	158
ヘシアン	132
ヘッセの行列式	132, 133
変域	62
変格積分	196
変曲点	118, 123, 126
変数	57

偏導関数	106, 127, 128
偏微分	106
放物線	64, 65
補集合	72
保証成長率	49, 198
補助関数	205, 216

〔ま〕

マーシャルの安定条件	25
マーシャルの数量調整	24
マクローリン級数	124
マクローリン展開	151
末項	74
右側極限	89
無限数列	76
無限大	90
無限等比級数	77
無差別曲線	6
無理数	58
命題	77
名目利子率	81
面積を求める公式	28
目的関数	115

〔や〕

ヤコビアン	108
ヤコビ行列式	108
ヤングの定理	129
有効需要創出効果	197
誘導方程式	205, 216
誘発投資	230
有理関数	65
有理数	58
余因子	178
余因子行列	181
陽関数	113
要素	71
予算集合	59
予算制約式	5

45度線モデル……………………39

〔ら〕

ラウンドデルタ ………………107
ラグランジュ(未定)乗数法 ……139
ラグランジュ乗数 ………………141
ラジアン ………………………237
ランク …………………………156
離散型時間 ……………………189
利潤最大化問題 ………………115
リスクに対する態度……………19
臨界値 …………………………118
リンダール・メカニズム ………32
累乗根 …………………………65
レオンティエフ型生産関数……70
レオンティエフの逆行列 ………183
列ベクトル ……………………156
連続型時間 ……………………189

連立方程式 ……………………149
連立方程式体系 ………………175
連立方程式の解 ………………149
連立方程式の行列表示 ………150
労働供給関数 …………………13
労働需要関数 …………………3, 46
ロルの定理………………………94

〔わ〕

ワイヤストラスの定理…………92
和集合…………………………72
割引の公式……………………82
割引率……………………………83
ワルラスの安定条件……………25, 208
ワルラスの価格調整……………24
ワルラスの価格調整過程 ……207
ワルラスの法則 ………………148

図表一覧表

図 1 − 1　無差別曲線・予算線と最適消費計画 …………………… 6
図 1 − 2　リスクに対する態度 ……………………………………… 20
　　　　(a)　危険回避者 ………………………………………… 20
　　　　(b)　危険愛好者 ………………………………………… 20
　　　　(c)　危険中立者 ………………………………………… 20
図 1 − 3　消費者余剰と生産者余剰 ………………………………… 27
図 1 − 4　消費者余剰・生産者余剰と税 …………………………… 29
図 1 − 5　外部不経済 ………………………………………………… 31
図 1 − 6　公共財の最適供給とリンダール・メカニズム ………… 33
図 1 − 7　独占企業の理論 …………………………………………… 35
表 1 − 1　ゲームの理論 ……………………………………………… 36
図 4 − 1　関数 $y = f(L)$ のいろいろな型 ………………………… 63
図 4 − 2　ベンの図 …………………………………………………… 73
図 5 − 1　指数関数 $y = ab^{cx}$ の圧縮，拡張要因 ………………… 80
表 5 − 1　複利の公式 ………………………………………………… 82
図 6 − 1　導関数と曲線の勾配 ……………………………………… 89
図 6 − 2　左側極限と右側極限 ……………………………………… 90
図 6 − 3　総関数と限界関数 ………………………………………… 93
図 6 − 4　限界費用と平均費用 ……………………………………… 96
図 7 − 1　効 用 曲 面 ………………………………………………… 106
図 7 − 2　チャンネル図：直接効果と間接効果 …………………… 112
図 8 − 1　絶対的な極値と相対的な極値 …………………………… 116
図 8 − 2　極値の 1 次導関数テスト ………………………………… 117
図 8 − 3　極値と変曲点 ……………………………………………… 119
図 8 − 4　1 次導関数と 2 次導関数の符号の組み合わせ ………… 121
　　　　(a)　下に対して凹性 …………………………………… 121
　　　　(b)　下に対して凸性 …………………………………… 121
図 8 − 5　利潤最大化の 2 階の条件 ………………………………… 123

図11-1	行列代数の短所		152
図11-2	パレート基準		159
図11-3	ベクトル演算の図による解釈		160
図12-1	線型計画法		164
表13-1	産業連関表		173
図13-1	3×3の行列　Dの行列式		177
図14-1	曲線の下方面積と定積分		195
図15-1	ソロー方程式		211
表16-1	均衡の動学的安定性		219
図16-1	均衡の動学的安定性		220
図16-2	くもの巣モデル		223
	(a)	拡張的振動	223
	(b)	減衰的振動	223
図16-3	固　有　根		226
図16-4	複素根のケース		229
表16-2	固　有　根		234
図16-5	複素数の図示		236
図16-6	円　関　数		236
表16-3	度とラジアン		237
表16-4	ラジアンと三角関数		237

　図表の大半はA.C.チャン『現代経済学の数学基礎(上),(下)』より修正・作成したものです。

ギリシャ文字一覧

A	α	アルファ		I	ι	イオタ		P	ρ	ロー
B	β	ビータ(ベータ)		K	κ	カッパ		Σ	σ	シグマ
Γ	γ	ガンマ		Λ	λ	ラムダ		T	τ	タウ
Δ	δ	デルタ		M	μ	ミュー		Υ	υ	ユプシロン
E	ε	エプシロン		N	ν	ニュー		Φ	ϕ	ファイ(フィー)
Z	ζ	ジータ(ツェータ)		Ξ	ξ	グザイ(クシー)		X	χ	カイ(ヒー)
H	η	イータ(エータ)		O	o	オミクロン		Ψ	ψ	プサイ(プシー)
Θ	θ	シータ(テータ)		Π	π	パイ		Ω	ω	オーメガ

第 1 部

学習のポイント：
こんな計算問題が出たら

第1章 ミクロ経済学の計算問題

問題1：短期の生産者行動理論（1要素）

ある企業の生産関数が，$y = f(L) = \sqrt{L}$ で与えられています。ここで，y＝生産量，L＝労働投入量です。生産物の価格をP，労働の価格（貨幣賃金率）をwとします。

（問1）　労働の平均生産力と限界生産力を求めなさい。
（問2）　この企業の費用関数を求めなさい。
（問3）　平均費用と限界費用を求めなさい。
（問4）　この企業の損益分岐点を求めなさい。
（問5）　この企業の個別供給関数を求めなさい。
（問6）　この企業の個別労働需要関数を求めなさい。

《解答＆解答の解説》

短期の生産関数は $y = f(L, K_0)$，長期の生産関数は $y = f(L, K)$ です。ここでは，$K_0 = 0$（K＝資本投入量）とした短期の生産関数 $y = f(L)$ を考えています。$\sqrt{L}$ は $L^{\frac{1}{2}}$【☞無理数 p.58】のことです。

（問1）

労働の平均生産力をAP_L，限界生産力をMP_Lとします。

$$AP_L = \frac{y}{L} = \frac{L^{\frac{1}{2}}}{L} = L^{\frac{1}{2}-1} = L^{-\frac{1}{2}} \quad \text{（答）} \qquad \text{【☞指数の法則 p.71】}$$

$$MP_L = \frac{dy}{dL} = \frac{1}{2} L^{\frac{1}{2}-1} = \frac{1}{2} L^{-\frac{1}{2}} \quad \text{（答）} \qquad \text{【☞微分法 p.94】}$$

(問2)

　$y = f(L) = L^{\frac{1}{2}}$ の逆関数を求めると，$L = f^{-1}(y) = y^2$ です。それは $y = L^{\frac{1}{2}}$ の両辺を2乗した $y^2 = \{L^{\frac{1}{2}}\}^2 = L$ から導かれたものです。

　　⇩

　$y = f(L)$ と $L = f^{-1}(y)$ のちがいを理解しましょう。関数記号（写像）f は $f : L \to y$ を，f^{-1} は $f^{-1} : y \to L$ を意味しています。

　f^{-1} は $\dfrac{1}{f}$ ではなく，「逆関数」であることを示す記号です。

　　　　　　　　　　【☞写像 p.62，逆関数 p.97，指数の法則 p.71】

　　⇩

　$C \equiv w \cdot L = w \cdot y^2$ （答：短期の費用関数）　【☞恒等記号≡ p.59】

　　$= C(y)$ 　　　　　　　　　　　　　　　【☞2次関数 p.64】

(問3)

　平均費用をAC，限界費用をMCとします。

　　$AC \equiv \dfrac{C}{y} = \dfrac{w \cdot y^2}{y} = wy$ 　（答）

　　$MC \equiv \dfrac{dC}{dy} = 2wy$ 　　　　（答）　　　【☞微分法 p.94】

(問4)

　限界費用曲線と平均費用曲線の交点（平均費用曲線の底）は「損益分岐点」と呼ばれています。$MC = AC$，すなわち $2wy = wy$ より，$y = 0$ です。損益分岐点は原点です。（答）　　　　　　　　　　【☞1次関数 p.64】

(問5)

　企業は利潤の最大化を目指しています。企業の利潤（π）は，

　　$\pi \equiv P \cdot y - C(y) = P \cdot y - w \cdot y^2$

です。企業の利潤最大化の1階の条件は，

　　$\dfrac{d\pi}{dy} = \dfrac{d(P \cdot y)}{dy} - \dfrac{dC}{dy} = P - 2wy = 0$

です。

　　【☞目的関数と選択変数 p.115，微分法 p.94，一次方程式の解 p.66】

　　⇩

$$y^* = \frac{P}{2w} \quad \text{(答：個別供給関数)}$$
$$= y^*(P:w)$$

企業の供給量はPの増加関数であり，wは個別供給曲線のシフト・パラメーターです。$y^* = y^*(P:w)$を図示するときは，数学上では縦軸にy，横軸にPをとるべきでしょうが，供給曲線として知られているものは，縦軸にP，横軸にyをとっています。貨幣賃金率wはここでは，供給曲線を回転させるパラメーターとして取り扱われます。＊は「均衡（主体均衡）」を表しています。

【☞パラメーター p.58】

(問6)

この企業の利潤最大化問題を次のように定式化することもできます。
$$\text{Max } \pi \equiv P \cdot y - w \cdot L = P \cdot L^{\frac{1}{2}} - w \cdot L$$

利潤最大化の1階の条件は，
$$\frac{d\pi}{dL} = P \cdot \frac{1}{2} L^{-\frac{1}{2}} - w = 0$$

です。等号＝を越えて右辺，左辺に移すと，＋は－，－は＋，×は÷，÷は×，分母は分子，分子は分母にそれぞれ変わります。

【☞目的関数と選択変数 p.115，微分法 p.94，一次方程式の解 p.66】

$L^{-\frac{1}{2}} = 2\left(\frac{w}{P}\right)$ の両辺を－2乗します。

$$L^* = \frac{1}{4}\left(\frac{w}{P}\right)^{-2} \quad \text{(答)}$$

【☞指数の法則 p.71】

問題2：消費者行動の理論

ある1人の消費者が2つの財（現在財）を消費しようとしています。消費者の効用関数は$U = U(x_1, x_2) = 3x_1^a \cdot x_2^b$で与えられています。ここで，$x_1, x_2 = $第1，2財の消費量です。第1財の価格を$P_1$，第2財の価格を$P_2$，消費者の予算を$E_0$とします。

(問1) この消費者の予算制約式を求めなさい。また，図示しなさい。
(問2) この消費者の第1財に対する需要関数を求めなさい。
(問3) 第1財の需要の価格弾力性，所得弾力性を求めなさい。

6　第1部　学習のポイント：こんな計算問題

《解答＆解答の解説》

　上記のような関数は「コブ・ダグラス型」効用関数【☞ p.57】と呼ばれています。このタイプの関数はよく出題されていますので，この種の計算問題には慣れておきましょう。

〔問1〕

$$P_1 x_1 + P_2 x_2 = E_0 \quad (答)$$

　⇩（縦軸にx_2，横軸にx_1をとった図示の2つの方法）

(1)　$x_1 = 0$のとき$x_2 = \dfrac{E_0}{P_2}$，$x_2 = 0$のとき$x_1 = \dfrac{E_0}{P_1}$です。

　縦軸の$\dfrac{E_0}{P_2}$，横軸の$\dfrac{E_0}{P_1}$を結べば，予算線を図示できます。

【☞ 1次関数 p.64】

(2)　$x_2 = \left(-\dfrac{P_1}{P_2}\right) x_1 + \left(\dfrac{E_0}{P_2}\right)$を得ることができます。$x_1 = 0$のとき$x_2 = \dfrac{E_0}{P_2}$（縦軸切片）です。傾きは，$-\dfrac{P_1}{P_2}$です。

【☞ 1次関数 p.64】

図1－1　無差別曲線・予算線と最適消費計画

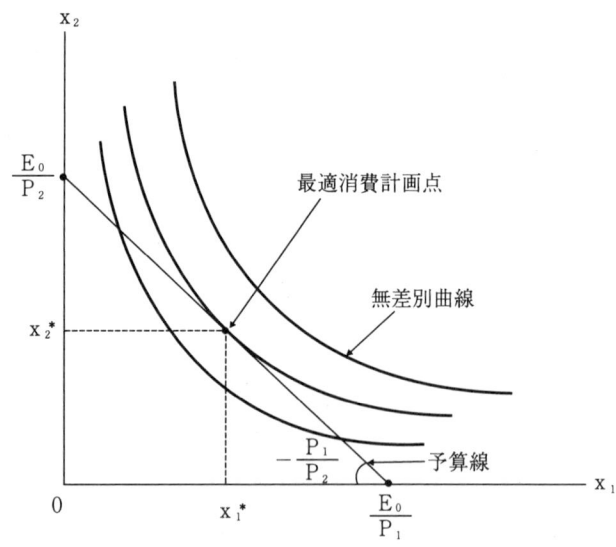

(問 2)

この効用最大化問題は次のように定式化されます。

$$\text{Max } U = 3 x_1^a \cdot x_2^b \quad (\text{効用の最大化：目的関数})$$
$$\text{s.t. } P_1 x_1 + P_2 x_2 = E_0 \quad (\text{予算制約式：制約条件})$$

この問題の解法には，次の2通りのものがあります。

(1) 1つの変数を消去する方法

効用関数を見る限り，決定変数は x_1，x_2 の2個あります。しかし，予算制約式より，x_1^* が決まれば x_2^* が決まり，逆に x_2^* が決まれば x_1^* が決まる関係にあることが分かります。すなわち，この問題では，独立した決定変数は1個しかありません。

【☞制約条件 p.137】

⇩

$P_1 x_1 + P_2 x_2 = E_0$ より，$x_2 = (-\dfrac{P_1}{P_2}) x_1 + (\dfrac{E_0}{P_2})$ を得ます。これをU関数に代入します。

$$U = 3 x_1^a \cdot x_2^b = 3 x_1^a \cdot \{(-\dfrac{P_1}{P_2}) x_1 + (\dfrac{E_0}{P_2})\}^b = U(x_1)$$

⇩

上記の効用最大化問題は，

$$\text{Max } U = 3 x_1^a \cdot \{(-\dfrac{P_1}{P_2}) x_1 + (\dfrac{E_0}{P_2})\}^b \quad (\text{効用の最大化})$$

になります。

⇩

効用最大化の1階の条件 $\dfrac{dU}{dx_1} = 0$ を求めます。そのために上記のU関数を x_1 について微分します。この微分は積の微分です。計算してみると，

【☞積の微分 p.95, 指数の法則 p.71】

$$x_1^* = \dfrac{a}{a+b} \cdot \dfrac{E_0}{P_1} \quad (\text{答})$$
$$= x_1^*(P_1)$$

を得ることができますが，この計算は単純な計算ではありません。もっと簡便な計算方法を用いたほうが良いと思います。それが次の「ラグランジュ乗数法」です。＊は「均衡（主体均衡)」を表しています。

8　第1部　学習のポイント：こんな計算問題

(2) ラグランジュ乗数法を用いる方法

次のラグランジュ関数を作ります。　　　【☞ラグランジュ乗数法　p.139】

$$Z = U(x_1, x_2) + \lambda \{E_0 - (P_1 x_1 + P_2 x_2)\}$$
$$= 3 x_1^a \cdot x_2^b + \lambda \{E_0 - (P_1 x_1 + P_2 x_2)\} \quad (\text{ラグランジュ関数})$$

　　　（目的関数）　　　　　　（制約条件）

ここで，$\lambda =$ ラグランジュ未定乗数です。

　　⇩

Zが最大値をもつための1階の条件は次のものです。

$$Z_1 \equiv \frac{\partial Z}{\partial x_1} = U_1(x_1, x_2) - \lambda P_1 \quad (Z の x_1 についての偏微分)$$
$$= 3 a x_1^{a-1} \cdot x_2^b - \lambda P_1 = 0$$
$$Z_2 \equiv \frac{\partial Z}{\partial x_2} = U_2(x_1, x_2) - \lambda P_2 \quad (Z の x_2 についての偏微分)$$
$$= 3 x_1^a \cdot b x_2^{b-1} - \lambda P_2 = 0$$
$$Z_\lambda \equiv \frac{\partial Z}{\partial \lambda} = E_0 - (P_1 x_1 + P_2 x_2) = 0 \quad (\text{制約条件})$$

【☞偏微分　p.106】

　　⇩

$U_1(x_1, x_2) \equiv \frac{\partial U}{\partial x_1}$，$U_2(x_1, x_2) \equiv \frac{\partial U}{\partial x_2}$ はそれぞれ第1，2財の限界効用です。上記の1階の条件式3本のうちの最初の2本の式より，

$$\lambda = \frac{3 a x_1^{a-1} \cdot x_2^b}{P_1} = \frac{3 x_1^a \cdot b x_2^{b-1}}{P_2}$$

ですので，

$$\frac{3 a x_1^a (\frac{1}{x_1}) \cdot x_2^b}{3 x_1^a \cdot b x_2^b (\frac{1}{x_2})} = \frac{P_1}{P_2}$$

が得られます。左辺は2財の限界効用の比率であり，限界代替率と呼ばれているものです。右辺は2財の相対価格です。　　　【☞指数の法則　p.71】

　　⇩（上記の式を整理します）

$$\frac{a}{b} \cdot \frac{x_2}{x_1} = \frac{P_1}{P_2} \quad (\text{限界代替率＝相対価格})$$
$$P_1 x_1 + P_2 x_2 = E_0 \quad (\text{予算制約式})$$

上記は2本の方程式と2個の未知数 x_1，x_2 をもっています。かくて，

$$x_1^* = \frac{a}{a+b} \cdot \frac{E_0}{P_1} \quad (\text{答：第1財の需要関数})$$

第1章 ミクロ経済学の計算問題 9

$$x_2^* = \frac{b}{a+b} \cdot \frac{E_0}{P_2} \quad (第2財の需要関数)$$

【☞連立方程式の解 p.175】

(問3)

第1財の需要の価格弾力性(ε_{D1}), 所得弾力性(ε_E)の定義と具体値は次のとおりです。求め方には2通りあります。

(1) $\varepsilon_{D1} = -\dfrac{\dfrac{dx_1}{x_1}}{\dfrac{dP_1}{P_1}} \equiv -\dfrac{\partial x_1}{\partial P_1} \cdot \dfrac{P_1}{x_1}$

$\varepsilon_E \equiv \dfrac{\dfrac{dx_1}{x_1}}{\dfrac{dE_0}{E_0}} \equiv \dfrac{\partial x_1}{\partial E_0} \cdot \dfrac{E_0}{x_1}$

【☞弾力性 p.103】

⇩ (第1財の需要関数は $x_1^* = \dfrac{a}{a+b} \cdot \dfrac{E_0}{P_1}$ ですので)

$\dfrac{\partial x_1}{\partial P_1} = \dfrac{a}{a+b} \cdot \dfrac{-E_0}{P_1^2}$

$\dfrac{\partial x_1}{\partial E_0} = \dfrac{a}{a+b} \cdot \dfrac{1}{P_1}$ 【☞商の微分 p.95, 偏微分 p.106】

ですので, $x_1^* = \dfrac{a}{a+b} \cdot \dfrac{E_0}{P_1}$ を考慮して,

$\varepsilon_{D1} = 1$ (答)

$\varepsilon_E = 1$ (答)

(2) $\varepsilon_{D1} \equiv -\dfrac{\partial (\ln x_1)}{\partial (\ln P_1)}$

$\varepsilon_E \equiv \dfrac{\partial (\ln x_1)}{\partial (\ln E_0)}$

【☞弾力性 p.103】

⇩

$x_1^* = \dfrac{a}{a+b} \cdot \dfrac{E_0}{P_1}$ の自然対数【☞ p.84】をとると,

$\ln x_1^* = \ln(\dfrac{a}{a+b}) + \ln E_0 - \ln P_1$

ですので,

$\varepsilon_{D1} \equiv -\dfrac{\partial (\ln x_1^*)}{\partial (\ln P_1)} = -(-1) = 1$ (答)

$\varepsilon_E \equiv \dfrac{\partial (\ln x_1^*)}{\partial (\ln E_0)} = 1$ (答)

【☞対数の法則 p.84, 偏微分 p.106】

問題3：貯蓄の理論

ある1人の消費者が第1期（現在）財と第2期（将来）財を消費しようとしています。消費者の効用関数は $U=U(C_1, C_2)=3C_1^a \cdot C_2^b$ で与えられています。ここで、C_1, C_2 ＝第1, 2期の消費量です。現在財と将来財の価格はともに1で一定とします。消費者の第1期、第2期の予算をそれぞれ Y_1, Y_2 とします。利子率を r とします。

(問1) この消費者の予算制約式を求めなさい。
(問2) この消費者の貯蓄関数を求めなさい。
(問3) この消費者の主観的時間選好率を求めなさい。

《解答＆解答の解説》

貯蓄とは現在財を選ばず、将来財を選ぶことです。問題1は2つの現在財の選択問題でしたが、今度は現在財と将来財の選択問題です。これは異時点間の選択理論問題です。「現在価値」の概念に慣れておきましょう。

(問1)
予算制約式は次の2通りの方法で求めることができます。
(1) 貯蓄（S）の概念を用いる方法

$Y_1 = C_1 + S$　　　（第1期の予算制約式：貯蓄の定義）

$(1+r)S + Y_2 = C_2$　（第2期の予算制約式）

　⇩（上記の式からSを消去します）

$(1+r)(Y_1 - C_1) + Y_2 = C_2$　（答）

　⇩

$C_2 = -(1+r)C_1 + \{(1+r)Y_1 + Y_2\}$

　⇩（$(1+r)$で割って、整理します）

$Y_1 + \dfrac{Y_2}{(1+r)} = C_1 + \dfrac{C_2}{(1+r)}$　　　【☞乗法公式 p.70】

(2) 現在価値の概念を用いる方法

$$C_1 + \frac{C_2}{(1+r)} = Y_1 + \frac{Y_2}{(1+r)} \quad (答)$$

⇩

現在財と将来財の価格はともに1ですが，将来財の価格の現在価値は $\frac{1}{1+r}$ です。消費者の第1期，第2期の予算はそれぞれ Y_1，Y_2 ですが，第2期の予算の現在価値は $\frac{Y_2}{1+r}$ です。

【☞将来価値から現在価値を求める p.82】

(問2)

この効用最大化問題は次のように定式化されます。

 Max $U = 3C_1^a \cdot C_2^b$ (効用の最大化)
 s.t. $C_1 + \dfrac{C_2}{1+r} = Y_1 + \dfrac{Y_2}{1+r}$ (予算制約式)

ラグランジュ乗数法を用いて，上記の最大化問題を解きます。次のラグランジュ関数を作ります。

$$Z = U(C_1, C_2) + \lambda \left(Y_1 + \frac{Y_2}{1+r} - C_1 - \frac{C_2}{1+r} \right)$$
$$= \underbrace{3C_1^a \cdot C_2^b}_{\text{（目的関数）}} + \lambda \underbrace{\left(Y_1 + \frac{Y_2}{1+r} - C_1 - \frac{C_2}{1+r} \right)}_{\text{（制約条件）}}$$

【☞ラグランジュ乗数法 p.139】

⇩ (ここで，$\lambda =$ ラグランジュ未定乗数です)

Z が最大値をもつための1階の条件は次のものです。

$$Z_1 \equiv \frac{\partial Z}{\partial C_1} = U_1(C_1, C_2) - \lambda$$
$$= 3aC_1^{a-1} \cdot C_2^b - \lambda = 0$$
$$Z_2 \equiv \frac{\partial Z}{\partial C_2} = U_2(C_1, C_2) - \frac{\lambda}{1+r}$$
$$= 3C_1^a \cdot bC_2^{b-1} - \frac{\lambda}{1+r} = 0$$
$$Z_\lambda \equiv \frac{\partial Z}{\partial \lambda} = Y_1 + \frac{Y_2}{1+r} - C_1 - \frac{C_2}{1+r} = 0$$

【☞偏微分 p.106】

⇩

$$U_1(C_1, C_2) \equiv \frac{\partial U}{\partial C_1}, \quad U_2(C_1, C_2) \equiv \frac{\partial U}{\partial C_2}$$

はそれぞれ現在財，将来財の限界効用です。上記の1階の条件式3本のうちの最初の2本の式より，

$$\lambda = 3aC_1^{a-1} \cdot C_2^b = (3C_1^a \cdot bC_2^{b-1})(1+r)$$

ですので，

$$\frac{\{3aC_1^a(\frac{1}{C_1}) \cdot C_2^b\}}{\{3C_1^a \cdot bC_2^b(\frac{1}{C_2})\}} = 1+r$$

が得られます。【☞指数の法則 p.71】左辺は2財の限界効用の比率であり，時間限界代替率と呼ばれているものです。右辺は2財の相対価格です。

⇩（上記の式を整理します）

$$\frac{a}{b} \cdot \frac{C_2}{C_1} = 1+r \quad (時間限界代替率＝相対価格)$$

$$C_1 + \frac{C_2}{1+r} = Y_1 + \frac{Y_2}{1+r} \quad (予算制約式)$$

上記は2本の方程式と2個の未知数 C_1，C_2 をもっています。

$$C_1^* = \frac{a}{a+b}(Y_1 + \frac{Y_2}{1+r}) \quad (現在財に対する需要関数)$$

であり，かくて，貯蓄関数は，

$$S^* = Y_1 - C_1^*$$
$$= Y_1 - \frac{a}{a+b}(Y_1 + \frac{Y_2}{1+r})$$
$$= \frac{b}{a+b}Y_1 - \frac{a}{a+b} \cdot \frac{1}{1+r}Y_2 \quad (答)$$
$$= S^*(Y_1, Y_2, r) \quad \text{【☞乗法公式 p.70】}$$

(問3)

「1－時間限界代替率」は「将来財の主観的割引率」あるいは「主観的時間選好率」と呼ばれています。したがって，主観的時間選好率は，$1 - (\frac{a}{b} \cdot \frac{C_2}{C_1})$ です。（答）

第1章 ミクロ経済学の計算問題 13

問題4:労働供給

　ある個人の1日(24時間)当たりの最適な労働供給決定の問題を考えます。個人の効用関数は$U=U(x_1, x_2)=x_1 \cdot x_2$で与えられています。ここで，$x_1$＝財の消費量，$x_2$＝余暇の消費量です。財の価格を$P$，余暇の価格(機会費用：労働1時間当たりの貨幣賃金率)をwとします。

(問1)　この個人の予算制約式を求めなさい。
(問2)　この個人の労働供給関数を求めなさい。

《解答＆解答の解説》

　問題2では2つの現在財の選択，問題3では現在財と将来財の選択を取り上げました。ここでは財と余暇の選択を取り上げますが，労働供給量＝24時間－余暇の消費量ですので，その選択は労働供給量を決定します。

(問1)
　　　$Px_1 + wx_2 = 24w$　(答)

(問2)
この効用最大化問題は次のように定式化されます。

　　　Max $U = x_1 \cdot x_2$　　　(効用の最大化)
　　　s.t.　$Px_1 + wx_2 = 24w$　(予算制約式)

ラグランジュ乗数法を用いて，上記の最大化問題を解きます。次のラグランジュ関数を作ります。

$$Z = U(x_1, x_2) + \lambda \{24w - (Px_1 + wx_2)\}$$
$$= \underbrace{x_1 \cdot x_2}_{(目的関数)} + \lambda \underbrace{\{24w - (Px_1 + wx_2)\}}_{(制約条件)} \quad (ラグランジュ関数)$$

【☞ラグランジュ乗数法　p.139】

　⇩　(ここで，λ＝ラグランジュ未定乗数です)
Zが最大値をもつための1階の条件は次のものです。

$$Z_1 \equiv \frac{\partial Z}{\partial x_1} = U_1(x_1, x_2) - \lambda P = x_2 - \lambda P = 0$$

14　第1部　学習のポイント：こんな計算問題

$$Z_2 \equiv \frac{\partial Z}{\partial x_2} = U_2(x_1, x_2) - \lambda w = x_1 - \lambda w = 0$$

$$Z_\lambda \equiv \frac{\partial Z}{\partial \lambda} = 24w - (Px_1 + wx_2) = 0$$

【☞偏微分　p.106】

⇩

$U_1(x_1, x_2) \equiv \frac{\partial U}{\partial x_1}$, $U_2(x_1, x_2) \equiv \frac{\partial U}{\partial x_2}$ はそれぞれ財，余暇の限界効用です。上記の式より，$\lambda = \frac{x_2}{P} = \frac{x_1}{w}$ ですので，

$$\frac{x_1}{x_2} = \frac{w}{P}$$

が得られます。左辺は財，余暇の限界効用の比率であり，限界代替率と呼ばれているものです。右辺は相対価格（実質賃金率）です。

⇩

$$\frac{x_1}{x_2} = \frac{w}{P} \quad （限界代替率＝相対価格）$$
$$Px_1 + wx_2 = 24w \quad （予算制約式）$$

上記は2本の方程式と2個の未知数 x_1, x_2 をもっています。

$$x_1^* = 12\left(\frac{w}{P}\right) \quad （財の消費量）$$
$$x_2^* = 12 \quad （余暇の消費量）$$

を得ることができますので，かくて，労働供給量を L^s とすると，

$$L^{s*} = 24 - x_2^* = 24 - 12 = 12 \quad （時間）\quad （答）$$

【☞連立方程式の解　p.175】

問題5：生産関数の性質

　ある企業の生産関数が，$y = f(L, K) = (L^\sigma + K^\sigma)^{\frac{1}{\sigma}}$ で与えられています。ここで，y＝生産量，L＝労働投入量，K＝資本投入量，σ＝定数です。

（問1）　この生産関数は規模について収穫逓増，一定および逓減のいずれか。

（問2）　労働の限界生産力，資本の限界生産力を求めなさい。

（問3）　技術的限界代替率を求めなさい。

《解答＆解答の解説》

　$y = (aL^\sigma + bK^\sigma)^{\frac{1}{\sigma}}$　$a,\ b > 0,\ \sigma \leq 1$ のような関数は「CES型」生産関数と呼ばれています。　　　　　　　【☞CES型生産関数　p.70】

(問1)

　生産関数に含まれるすべての生産要素の投入量を同一割合で変化させたときの生産量の変化についての法則は「規模に関する収穫法則」【☞p.69】と呼ばれています。$\lambda =$ 任意の正の実数とすると，

$$f(\lambda L,\ \lambda K) = \{(\lambda L)^\sigma + (\lambda K)^\sigma\}^{\frac{1}{\sigma}}$$
$$= \{\lambda^\sigma (L^\sigma + K^\sigma)\}^{\frac{1}{\sigma}}$$
$$= \lambda (L^\sigma + K^\sigma)^{\frac{1}{\sigma}} = \lambda y$$

　すなわち，$f(\lambda L,\ \lambda K) = \lambda y$ です。したがって，問題の生産関数は規模について収穫一定（1次同次関数）です。（答）

　　　　　　　　　　　　【☞k次同次生産関数　p.69，指数の法則　p.71】

(問2)

　合成関数の微分の公式【☞p.96】を用います。$z = L^\sigma + K^\sigma$ とおいて，

$$y = f(L,\ K) = (L^\sigma + K^\sigma)^{\frac{1}{\sigma}} = z^{\frac{1}{\sigma}}$$

をL，Kについて偏微分します。労働の限界生産力，資本の限界生産力をそれぞれMP_L，MP_Kとおきます。

$$MP_L = \frac{\partial y}{\partial L} = \frac{\partial y}{d z} \cdot \frac{\partial z}{\partial L}$$
$$= \frac{1}{\sigma} z^{\frac{1}{\sigma}-1} \cdot \sigma L^{\sigma-1}$$
$$= (L^\sigma + K^\sigma)^{\frac{1}{\sigma}-1} \cdot L^{\sigma-1} \quad \text{（答）}$$

$$MP_K = \frac{\partial y}{\partial K} = \frac{\partial y}{d z} \cdot \frac{\partial z}{\partial K}$$
$$= \frac{1}{\sigma} z^{\frac{1}{\sigma}-1} \cdot \sigma K^{\sigma-1}$$
$$= (L^\sigma + K^\sigma)^{\frac{1}{\sigma}-1} \cdot K^{\sigma-1} \quad \text{（答）}$$

【☞微分の鎖法則・合成関数　p.96，偏微分　p.106，指数の法則　p.71】

(問3)

　技術的限界代替率$MRST_{LK}$は，$-\dfrac{dK}{dL}$（等量曲線の傾斜）で定義されます。

⇩

$y = f(L, K) = (L^\sigma + K^\sigma)^{\frac{1}{\sigma}}$ の全微分を行います。

$dy = (\frac{\partial y}{\partial L})dL + (\frac{\partial y}{\partial K})dK$ 　　　【☞全微分 p.110】

⇩（問2の結果を利用します）

$MRST_{LK} = -\frac{dK}{dL} = \frac{\frac{\partial y}{\partial L}}{\frac{\partial y}{\partial K}}$

$= \frac{(L^\sigma + K^\sigma)^{\frac{1}{\sigma}-1} \cdot L^{\sigma-1}}{(L^\sigma + K^\sigma)^{\frac{1}{\sigma}-1} \cdot K^{\sigma-1}}$

$= \frac{L^{\sigma-1}}{K^{\sigma-1}}$

$= (\frac{L}{K})^{\sigma-1}$　（答）　　　【☞指数の法則 p.71】

問題6：企業の費用最小化問題（2要素）

ある企業の生産関数が，$y = f(L, K) = 2L^{\frac{1}{2}}K^{\frac{1}{2}}$ で与えられています。ここで，y＝生産量，L＝労働投入量，K＝資本投入量です。生産物の価格をP，貨幣賃金率をw，資本の名目レンタル料をrとします。

(問1)　y_0 を生産するのに費用が最小になる労働投入量と資本投入量の最適な組み合わせを求めなさい。

(問2)　この企業の長期費用関数を求めなさい。

(問3)　長期平均費用と長期限界費用を求めなさい。

《解答＆解答の解説》

問題の生産関数はL，Kがともに可変生産要素である長期の生産関数です。産出量最大化問題と費用最小化問題の2つの問題はともにそれぞれの条件下の利潤最大化問題です。論理構造の点からは，産出量最大化問題は効用最大化問題，費用最小化問題は支出最小化問題に類似しています。

(問1)

この費用最小化問題は次のように定式化されます。

第1章 ミクロ経済学の計算問題　17

　　Min $C = wL + rK$　　（費用の最小化）
　　s.t. $2L^{\frac{1}{2}}K^{\frac{1}{2}} = y_0$（1本の等産出量曲線：生産関数）

ラグランジュ乗数法を用いて，上記の最小化問題を解きます。次のラグランジュ関数を作ります。　　　　　　　　　　【☞ラグランジュ乗数法 p.139】

　　$Z = wL + rK + \lambda(y_0 - 2L^{\frac{1}{2}}K^{\frac{1}{2}})$（ラグランジュ関数）
　　　（目的関数）　　　（制約条件）
　　　⇩（ここで，λ＝ラグランジュ未定乗数です）

Z が最小値をもつための1階の条件は次のものです。

　　$Z_L \equiv \dfrac{\partial Z}{\partial L} = w - \lambda L^{-\frac{1}{2}}K^{\frac{1}{2}} = 0$

　　$Z_K \equiv \dfrac{\partial Z}{\partial K} = r - \lambda L^{\frac{1}{2}}K^{-\frac{1}{2}} = 0$

　　$Z_\lambda \equiv \dfrac{\partial Z}{\partial \lambda} = y_0 - 2L^{\frac{1}{2}}K^{\frac{1}{2}} = 0$

　　　　　　　　　　　　【☞偏微分 p.106，指数の法則 p.71】
　　⇩

上記の1階の条件式3本のうちの最初の2本の式より，

　　$\lambda = \dfrac{w}{L^{-\frac{1}{2}}K^{\frac{1}{2}}} = \dfrac{r}{L^{\frac{1}{2}}K^{-\frac{1}{2}}}$

ですので，

　　$\dfrac{L^{-\frac{1}{2}}K^{\frac{1}{2}}}{L^{\frac{1}{2}}K^{-\frac{1}{2}}} = \dfrac{w}{r}$

が得られます。左辺は2生産要素の限界生産力の比率であり，技術的限界代替率と呼ばれているものです。右辺は2生産要素の相対価格です。

　　⇩（上記の式を整理します）　　　　　　　【☞指数の法則 p.71】

　　$\dfrac{K}{L} = \dfrac{w}{r}$（技術的限界代替率＝生産要素価格比）

　　$2L^{\frac{1}{2}}K^{\frac{1}{2}} = y_0$（1本の等産出量曲線：生産関数）

　　上記は2本の方程式と2個の未知数 L，K をもっています。かくて，

　　$L^* = \dfrac{1}{2}\left(\dfrac{w}{r}\right)^{-\frac{1}{2}} y_0$　（答）

　　$K^* = \dfrac{1}{2}\left(\dfrac{w}{r}\right)^{\frac{1}{2}} y_0$　（答）

を得ることができます。

(問2)

これらのL*, K*を費用方程式C＝wL＋rKに代入します。

$$C^* = wL^* + rK^*$$
$$= w\frac{1}{2}\left(\frac{w}{r}\right)^{-\frac{1}{2}} \cdot y_0 + r\frac{1}{2}\left(\frac{w}{r}\right)^{\frac{1}{2}} \cdot y_0$$
$$= (wr)^{\frac{1}{2}} y_0 \quad (答)$$
$$= C^*(y : w, r) \quad\quad 【☞指数の法則\ p.71】$$

(問3)

長期平均費用をLAC，長期限界費用をLMCとします。

$$LAC = \frac{C^*}{y} = \frac{(wr)^{\frac{1}{2}} y}{y} = (wr)^{\frac{1}{2}} \quad (答)$$
$$LMC = \frac{dC^*}{dy} = (wr)^{\frac{1}{2}} \quad\quad (答) \quad 【☞微分法\ p.94】$$

問題7：不確実性の経済学

安全資産（貨幣）と危険資産（株式）の2種類の資産の間の選択を考えます。貨幣については，期首時点の100万円は，確率1で期末時点には100万円になります。株式については，期首時点の100万円は，期末時点には，確率0.5で120万円（株価上昇），確率0.5で80万円（株価下落）になります。安全資産と危険資産は不確実性の経済学で取り扱う「宝くじ」の例示です。2つの宝くじ（安全資産と危険資産）は次のように記述されます。

$$安全資産 = a^1 = [x^1 ; \pi^1] = [100 ; 1]$$
$$危険資産 = a^2 = [x^2 ; \pi^2] = [x^2_1, x^2_2 ; \pi^2_1, \pi^2_2]$$
$$= [120, 80 ; 0.5, 0.5]$$

ある個人の効用関数は$u = u(x)$で与えられています。

(問1) 2つの資産の期待値を求めなさい。

(問2) 2つの資産の期待効用を求めなさい。

(問3) 2つの資産の間の選択を論じなさい。

第1章 ミクロ経済学の計算問題　19

《解答＆解答の解説》

個人は期待効用（何らかの効用の数学的期待値）の最大化を行動基準として，不確実性をもった「宝くじ」の間の合理的選択を行います。

（問1）

2つの資産の期待値は $E[x] \equiv \Sigma \pi_s x_s$ で定義されています。

$E[x^1] = 1 \times 100 = 100$ （答）

$E[x^2] = 0.5 \times 120 + 0.5 \times 80 = 100$ （答）

（問2）

2つの資産の期待効用は $E[u(x)] = \Sigma \pi_s u(x_s)$ で定義されています。

$E[u(x^1)] = 1 \times u(100)$ （答）

$E[u(x^2)] = 0.5 \times u(120) + 0.5 \times u(80)$ （答）

（問3）

個人は期待効用を評価基準として，2つの資産の間の選択を行います。選択行動は個人の「リスクに対する態度」に依存しています。

(1) **危険回避者**：$u''(x) < 0$（図1−2−a）

$E[u(x^2)] < E[u(x^1)]$

⇩

安全資産を選択します。（答）

(2) **危険愛好者**：$u''(x) > 0$（図1−2−b）

$E[u(x^2)] > E[u(x^1)]$

⇩

危険資産を選択します。（答）

(3) **危険中立者**：$u''(x) = 0$（図1−2−c）

$E[u(x^2)] = E[u(x^1)]$

⇩

安全資産と危険資産は無差別です。（答）　　【☞2次の導関数　p.91】

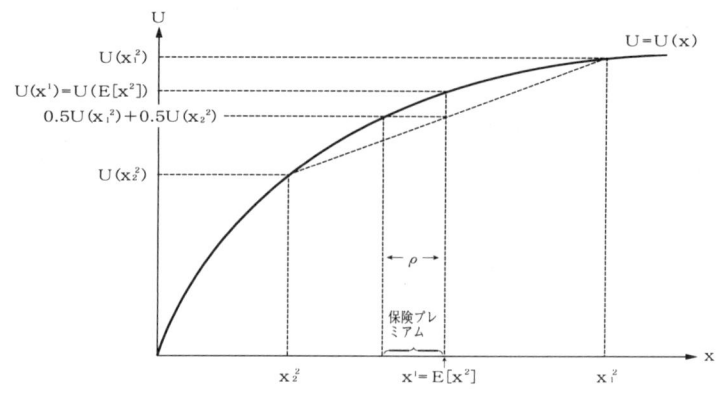

20　第1部　学習のポイント：こんな計算問題

図1－2－a　危険回避者

$U(x_1^2)$
$U(x^1)=U(E[x^2])$
$0.5U(x_1^2)+0.5U(x_2^2)$
$U(x_2^2)$
$U=U(x)$
ρ
保険プレミアム
x_2^2　　$x^1=E[x^2]$　　x_1^2

図1－2－b　危険愛好者

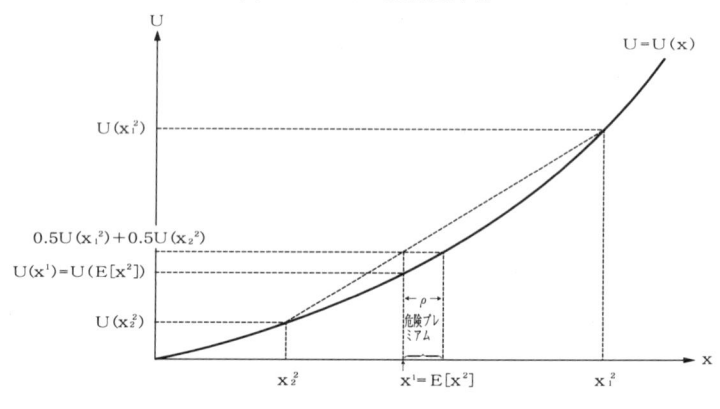

$U(x_1^2)$
$0.5U(x_1^2)+0.5U(x_2^2)$
$U(x^1)=U(E[x^2])$
$U(x_2^2)$
$U=U(x)$
ρ
危険プレミアム
x_2^2　　$x^1=E[x^2]$　　x_1^2

図1－2－c　危険中立者

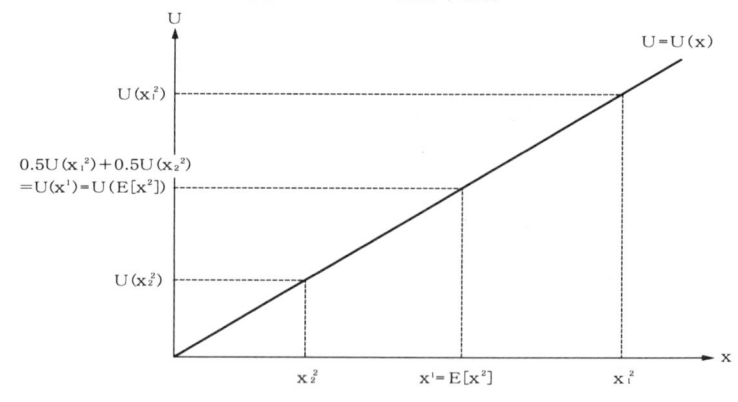

$U(x_1^2)$
$0.5U(x_1^2)+0.5U(x_2^2)$
$=U(x^1)=U(E[x^2])$
$U(x_2^2)$
$U=U(x)$
x_2^2　　$x^1=E[x^2]$　　x_1^2

第1章　ミクロ経済学の計算問題　21

問題8：部分均衡分析

完全競争市場下の個別企業の生産関数が等しく，
$$y = f(L, K) = \sqrt{LK}$$
で与えられています。ここで，y＝生産量，L＝労働投入量，K＝資本投入量です。生産物の価格をP，貨幣賃金率をw＝4，資本の名目レンタル料をr＝1とします。

（問1）　資本投入量をK＝4として固定し，個別企業の短期の総費用，平均費用および限界費用を求めなさい。

（問2）　個別企業の短期供給関数を求めなさい。

（問3）　同質的な企業数をnとして，短期市場供給関数を求めなさい。

（問4）　市場需要関数がD＝100－Pで与えられ，短期均衡市場価格が10であることがわかっているとします。このときの，企業数および個別企業の利潤を求めなさい。

（問5）　個別企業の長期の総費用，平均費用および限界費用を求めなさい。

（問6）　市場需要関数がD＝100－Pで与えられているとき，産業の長期均衡価格および長期供給量を求めなさい。

《解答＆解答の解説》

$\sqrt{LK} = L^{\frac{1}{2}}K^{\frac{1}{2}}$ です。市場全体の需給均衡による価格・数量の決定（短期市場均衡）を理解しましょう。個別供給関数からの短期の市場供給関数の導出を理解しましょう。短期と長期の市場供給関数のちがいを理解しましょう。短期市場均衡と産業の長期均衡のちがいを理解しましょう。

（問1）

K＝4のとき，生産関数は $y = L^{\frac{1}{2}}K^{\frac{1}{2}} = 2L^{\frac{1}{2}}$ になります。この逆関数を求めます。両辺を2乗すると，$y^2 = 4L$ ですので，$L = (\frac{1}{4})y^2$ です。

【☞指数の法則　p.71，逆関数　p.97】

かくて，個別企業の短期の総費用，平均費用，限界費用をそれぞれＳＴＣ，

SAC, SMCとします。

$$STC = r \cdot K + w \cdot L = 4 + 4 \cdot (\frac{1}{4})y^2 = 4 + y^2 \quad (答)$$
$$SAC = \frac{STC}{y} = \frac{4}{y} + y \quad (答)$$
$$SMC = 2y \quad (答)$$

【☞微分法 p.94】

(問2)

個別企業は利潤の最大化を目指しています。個別企業の利潤（π）は，

$$\pi \equiv P \cdot y - C(y) = P \cdot y - (4 + y^2)$$

です。企業の利潤最大化の1階の条件は，

$$\frac{d\pi}{dy} = \frac{d(P \cdot y)}{dy} - \frac{dC}{dy} = P - 2y = 0$$

【☞目的関数と選択変数 p.115, 微分法 p.94, 一次方程式の解 p.66】

⇩

$$y^* = \frac{P}{2} \quad (答：個別企業の短期供給関数)$$
$$= y^*(P)$$

⇩

本問の場合，操業停止点（限界費用曲線と平均可変費用曲線の交点）は原点ですので，個別供給曲線は限界費用曲線と完全に一致しています。＊は均衡（主体均衡）を表しています。

(問3)

$$S^* = \Sigma y^* = n \cdot y^* = n(\frac{P}{2}) \quad (答：短期市場供給関数)$$
$$= S^*(P)$$

(問4)

需給均衡方程式は$S = D$ですので，

$$n(\frac{P}{2}) = 100 - P$$

です。このとき，均衡価格は$P^* = 10$ですので，均衡取引量は90であることがわかります。

$$S^* = 90 = n(\frac{P^*}{2}) = n(\frac{10}{2})$$

より，n*＝18（答）

このときの個別企業の生産量は，
$$S^* = 90 = n^* \cdot y = 18 \cdot y \text{ あるいは } y = \frac{P^*}{2} = \frac{10}{2}$$
より，y*＝5です。したがって，
$$\pi^* \equiv P^* \cdot y^* - C(y^*) = P^* \cdot y^* - (4 + y^{*2})$$
$$= 10 \cdot 5 - (4 + 5^2) = 21 \text{ （答）} \quad \text{【☞Σ（シグマ）計算 p.76】}$$

（問5）

この企業の費用最小化問題は次のように定式化されます。

　　Min $C = wL + rK = 4L + K$ （費用の最小化）

　　s.t. $L^{\frac{1}{2}} K^{\frac{1}{2}} = y_0$ 　　　　（1本の等産出量曲線：生産関数）

ラグランジュ乗数法を用いて，上記の最小化問題を解きます。次のラグランジュ関数を作ります。　　　　　　　　　　【☞ラグランジュ乗数法 p.139】

$$Z = 4L + K + \lambda(y_0 - L^{\frac{1}{2}} K^{\frac{1}{2}}) \text{ （ラグランジュ関数）}$$

　　　（目的関数）　　（制約条件）

⇩　（ここで，λ＝ラグランジュ未定乗数です）

Zが最小値をもつための1階の条件は次のものです。

$$Z_L \equiv \frac{\partial Z}{\partial L} = 4 - \lambda \left(\frac{1}{2}\right) L^{-\frac{1}{2}} K^{\frac{1}{2}} = 0$$

$$Z_K \equiv \frac{\partial Z}{\partial K} = 1 - \lambda L^{\frac{1}{2}} \left(\frac{1}{2}\right) K^{-\frac{1}{2}} = 0$$

$$Z_\lambda \equiv \frac{\partial Z}{\partial \lambda} = y_0 - L^{\frac{1}{2}} K^{\frac{1}{2}} = 0 \quad \text{【☞偏微分 p.106】}$$

⇩

上記の1階の条件式3本のうちの最初の2本の式より，

$$\lambda = \frac{4}{\left(\frac{1}{2}\right) L^{-\frac{1}{2}} K^{\frac{1}{2}}} = \frac{1}{\left(\frac{1}{2}\right) L^{\frac{1}{2}} K^{-\frac{1}{2}}}$$

ですので，

$$\frac{L^{-\frac{1}{2}} K^{\frac{1}{2}}}{L^{\frac{1}{2}} K^{-\frac{1}{2}}} = \frac{4}{1}$$

が得られます。左辺は2生産要素の限界生産力の比率であり，技術的限界代替率と呼ばれているものです。右辺は2生産要素の相対価格です。

⇩ （上記の式を整理します。【☞指数の法則 p.71】）

$\dfrac{K}{L} = \dfrac{4}{1}$ （技術的限界代替率＝生産要素価格比）

$L^{\frac{1}{2}} K^{\frac{1}{2}} = y_0$ （1本の等産出量曲線：生産関数）

上記は2本の方程式と2個の未知数L，Kをもっています。かくて，

$L^* = \dfrac{1}{2} y_0$

$K^* = 2 y_0$

を得ることができます。

⇩

これらのL*，K*を費用方程式C＝wL＋rKに代入します。

$C^* = wL^* + rK^* = 4\left(\dfrac{1}{2}\right) y_0 + 2 y_0 = 4 y_0$

かくて，個別企業の長期の総費用，平均費用，限界費用をそれぞれLTC，LAC，LMCとします。

LTC＝4y　　　　　　　　（答）

$LAC = \dfrac{LTC}{y} = 4$　　　（答）

$LMC = \dfrac{dLTC}{dy} = 4$　　　（答）　　　【☞微分法 p.94】

（問6）

産業の長期均衡においては，価格＝LMC＝LACが成立しています。したがって，産業の長期均衡価格は4です。（答）市場需要関数はD＝100－Pですので，長期供給量は100－P*＝100－4＝96です。（答）

問題9：ワルラスの価格調整とマーシャルの数量調整

市場需要関数がD＝a－bP，市場供給関数がS＝－c＋dPで与えられています。

（問1）　市場均衡がワルラス的に安定となるための条件を示しなさい。

（問2）　市場均衡がマーシャル的に安定となるための条件を示しなさい。

《解答＆解答の解説》

均衡に向けては，ワルラスの価格調整とマーシャルの数量調整の2つの調整過程があります。需給曲線を図示しながら理解しましょう。

（問1）

ワルラスの安定条件は $\dfrac{d(D-S)}{dP} < 0$ です【☞ p.208】。均衡が安定であれば，図（縦軸価格，横軸数量）を縦方向に見て，価格の上昇が超過需要量（D－S）の幅を小さくするはずです。

⇩

$$\frac{d(D-S)}{dP} = \frac{d\{a+c-(b+d)P\}}{dP}$$
$$= -(b+d) < 0 \quad (答)$$

【☞微分法 p.94，ワルラスの価格調整 p.207】

（問2）

P^D＝需要者価格（限界的需要量に対して消費者が支払ってもよいと考える最高価格），P^S＝供給者価格（限界的供給量に対して生産者が要求する最低価格）とします。マーシャルの安定条件は $\dfrac{d(P^D - P^S)}{dx} < 0$ です。均衡が安定であれば，図（縦軸価格，横軸数量）を横方向に見て，数量の増大が超過需要者価格($P^D - P^S$)の幅を小さくするはずです。

⇩（以下では，Pについての区別を行い，D，Sをともにxとします）

$D = a - bP$ より，　$P^D = \dfrac{a}{b} - \dfrac{D}{b} = \dfrac{a}{b} - \dfrac{1}{b}x$

$S = -c + dP$ より，　$P^S = \dfrac{c}{d} + \dfrac{S}{d} = \dfrac{c}{d} + \dfrac{1}{d}x$

です。

$$\frac{d(P^D - P^S)}{dx} = \frac{d\{(\dfrac{a}{b} - \dfrac{c}{d}) - (\dfrac{1}{b} + \dfrac{1}{d})x\}}{dx}$$
$$= -(\dfrac{1}{b} + \dfrac{1}{d}) < 0 \quad (答)$$

【☞微分法 p.94】

問題10：消費者余剰と生産者余剰

市場需要関数，市場供給関数が次のように与えられています。

$$D = 400 - \frac{1}{3}P \quad (市場需要関数)$$

$$S = -100 + \frac{1}{2}P \quad (市場供給関数)$$

（問1） 市場で成立する均衡取引量（x^*），均衡価格（P^*）を求めなさい。

（問2） 消費者余剰，生産者余剰および社会的総余剰を求めなさい。

（問3） 政府が1単位の生産についてtの従量税を生産者に課税するとします。このときの消費者価格（P），生産者価格（P′）ではかった均衡価格を求めなさい。

（問4） 問3における，消費者余剰，生産者余剰，厚生上の損失（死荷重）の大きさを求める計算式を示しなさい。

（問5） 政府の税収を最大にするtの水準を求めなさい。

《解答＆解答の解説》

余剰分析は頻繁に出てくる問題です。消費者余剰，生産者余剰および社会的総余剰を求める計算に慣れましょう。課税の問題には，従量税と従価税の2種類のものがありますが，間接税（従量税・従価税）の導入によって，消費者価格（消費者が支払う価格）と生産者価格（生産者が受け取る価格）の区別が重要になります。

（問1）

市場の需給均衡条件式はD＝Sです。

$$400 - \frac{1}{3}P = -100 + \frac{1}{2}P$$

ですので，$P^* = 600$，$x^* = 200$です。（答）

（問2）

縦軸にP，横軸にx（D, S）をとって図示しましょう。市場需要関数，市

図1-3 消費者余剰と生産者余剰

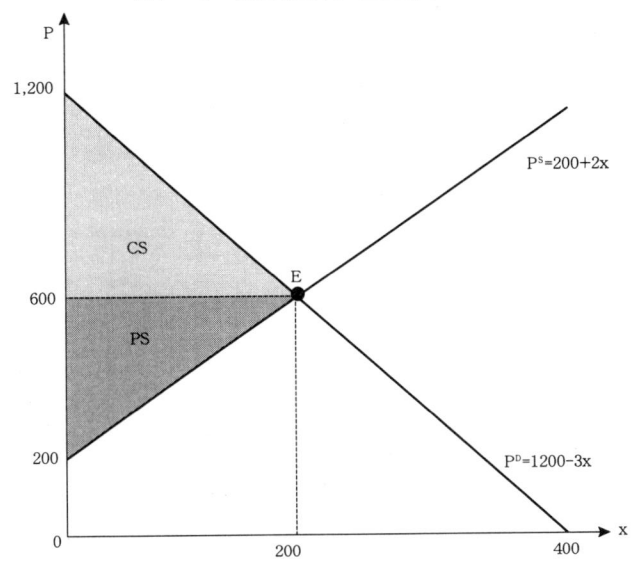

場供給関数より，需要者価格（逆需要）関数，供給者価格（逆供給）関数を求めましょう。

$P^D = 1200 - 3x$ （需要者価格関数）

$P^S = 200 + 2x$ （供給者価格関数）

消費者余剰，生産者余剰，社会的総余剰をそれぞれＣＳ，ＰＳ，ＴＳとします。

$$CS = (1200 - 600) \times 200 \times \frac{1}{2} = 60,000 \quad \text{（答）}$$

$$PS = (600 - 200) \times 200 \times \frac{1}{2} = 40,000 \quad \text{（答）}$$

$$TS = CS + PS = 60,000 + 40,000 = 100,000 \quad \text{（答）}$$

【☞乗法公式 p.70】

28　第1部　学習のポイント：こんな計算問題

【知っておきましょう】　面積を求める公式

① 　三角形の面積＝底辺×高さ×$\frac{1}{2}$

② 　長方形の面積＝縦×横

③ 　平行四辺形の面積＝底辺×高さ

④ 　台形の面積＝（上底＋下底）×高さ×$\frac{1}{2}$

⑤ 　ひし形の面積＝対角線×対角線×$\frac{1}{2}$

⑥ 　円の面積＝半径×半径×円周率(3.14)

(問3)

　消費者価格（P）と生産者価格（P′）の関係は，$P=P'+t$です。したがって，問題の逆需要関数，逆供給関数は次のように書かれなくてはいけません。

　　　$P^D=1200-3x$　　（消費者価格ではかった需要者価格関数）
　　　$P^{S'}=200+2x$　　（生産者価格ではかった供給者価格関数）
　　　⇩

縦軸にP，P′のいずれをとって図示するのかを決めなければなりません。縦軸にPをとりますと，供給者価格関数は，

　　　$P^{S'}=P^S-t=200+2x$

ですので，問題の逆需要関数，逆供給関数は，

　　　$P^D=1200-3x$　　（消費者価格ではかった需要者価格関数）
　　　$P^S=200+2x+t$　（消費者価格ではかった供給者価格関数）

になります。
　　　⇩

　均衡条件式は$P^D=P^S$ですので，

　　　$1200-3x=200+2x+t$
　　　$x^*=200-\frac{1}{5}t$
　　　$P^*(=P^{D*}=P^{S*})=600+\frac{3}{5}t$

　　　　　　　　　　　　　　（答：消費者価格ではかった均衡価格）

第1章 ミクロ経済学の計算問題　29

図1－4　消費者余剰・生産者余剰と税

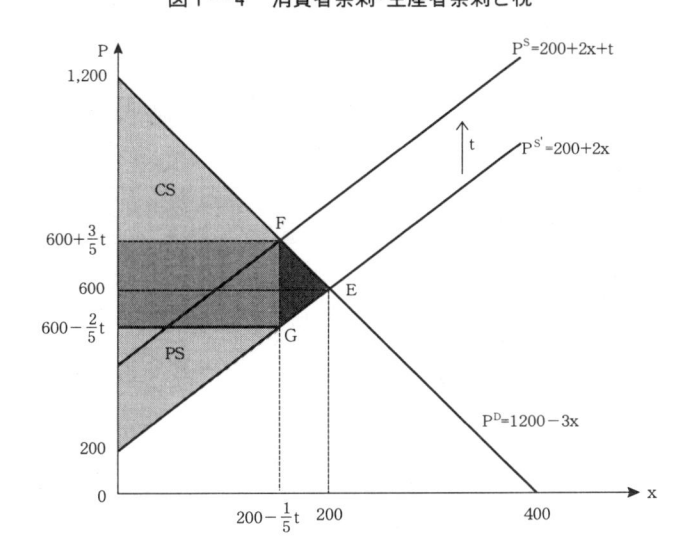

$$P'^*(=P^{D'*}=P^{S'*})=600-\frac{2}{5}t$$

（答：生産者価格ではかった均衡価格）

（問4）

消費者余剰，生産者余剰，厚生上の損失をそれぞれＣＳ，ＰＳ，ＤＷとします。厚生上の損失は，政府の経済への介入（課税）によって生じる社会的総余剰の損失の大きさのことです。

$$CS=[1200-(600+\frac{3}{5}t)]\times(200-\frac{1}{5}t)\times\frac{1}{2}$$　（答）

$$PS=[(600-\frac{2}{5}t)-200]\times(200-\frac{1}{5}t)\times\frac{1}{2}$$　（答）

$$DW=t\times[200-(200-\frac{1}{5}t)]\times\frac{1}{2}$$　（答）

【☞乗法公式　p.70】

（問5）

政府の税収をＴとします。

$$T=t\times(200-\frac{1}{5}t)=200t-\frac{1}{5}t^2$$

⇩

Tを最大にする1階の条件は、

$$\frac{dT}{dt} = 200 - \frac{2}{5}t = 0$$

ですので、 $t^* = 500$ （答）　　　　【☞微分法 p.94, 乗法公式 p.70】

問題11：外部不経済

消費者と生産者の間の外部不経済（例えば、公害問題）を考えます。市場需要関数、市場供給関数が次のように与えられています。

　　D = 1000 − 10 P 　　（市場需要関数）

　　S = −200 + 20 P 　　（市場供給関数）

生産者によってもたらされる限界損失（限界外部費用）をMLとし、

　　$ML = \frac{1}{10} x$

と定式化されています。

（問1） 完全競争市場で成立する均衡取引量（x^*），均衡価格（P^*）を求めなさい。

（問2） 財の社会的に最適と考えられる取引量（x^{**}）および，そのときの社会的総余剰を求めなさい。

（問3） 政府は当該生産者に対する従量税（t）によって，x^{**}を達成したいと考えています。1単位の生産について，いくら課税すればよいのでしょうか。

《解答＆解答の解説》

ある経済主体の行動が他の経済主体に市場を経由しないでマイナスの影響を与えることは「外部不経済」と呼ばれています。社会的費用と私的費用の区別が重要です。すなわち、社会的総費用＝私的総費用＋総外部費用です。

（問1）

完全競争市場下では、生産者は外部不経済を考慮に入れて行動しません。完全競争市場における需給均衡条件式はD＝Sですので、

第1章 ミクロ経済学の計算問題 31

$$1000 - 10P = -200 + 20P$$

です。したがって，

$P^* = 40$ （答）

$x^*(=D^*=S^*) = 600$ （答）

(問2)

外部不経済を考慮するとき，$S = -200 + 20P$ は「私的限界費用」関数とみなされます。財の社会的に最適と考えられる取引量は「社会的限界費用」曲線と市場需要曲線（私的限界便益曲線）の交点によって決定されます。

⇩

$S = -200 + 20P$ より，

$P^S = 10 + \dfrac{1}{20}S = 10 + \dfrac{1}{20}x$ を得ることができますが，これは「私的限界費用(PMC)」関数です。社会的限界費用関数（SMC）は，

$$SMC = PMC + ML = (10 + \dfrac{1}{20}x) + \dfrac{1}{10}x$$
$$= 10 + \dfrac{3}{20}x$$

です。$D = 1000 - 10P$ より，$P^D = 100 - \dfrac{1}{10}x$ですので，かくて，財の社会的に最適と考えられる取引量は，

図1-5 外部不経済

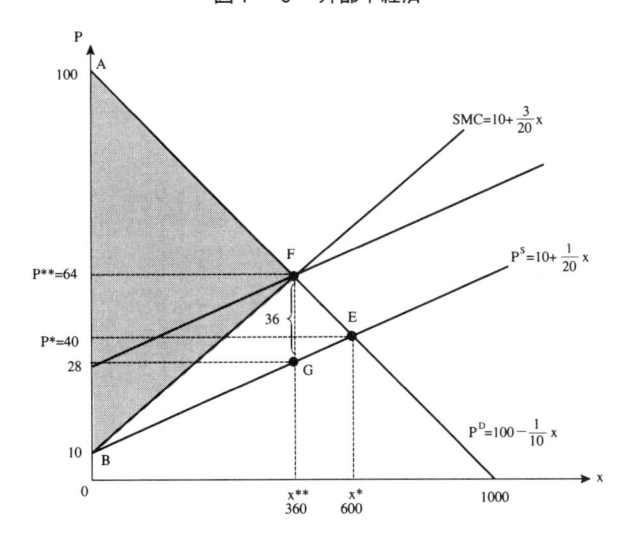

$$100 - \frac{1}{10}x = 10 + \frac{3}{20}x \quad (P^D = SMC)$$

より，$x^{**} = 360$（答）

社会的総余剰は図の△ABFですので，16,200です。（答）

【☞一次方程式の解 p.66】

（問3）

これは「ピグー課税」と呼ばれているものです。

$$t = P^{**} - P^S(x^{**}) = 64 - (10 + \frac{1}{20}x^{**})$$
$$= 64 - (10 + \frac{1}{20} \cdot 360) = 36 \quad （答）$$

⇩

図のFGです。それは財の社会的に最適と考えられる取引量において評価した，社会的限界費用と私的限界費用の差です。

問題12：公共財の最適供給とリンダール・メカニズム

3人の個人A，B，Cが政府から公共財の供給を受ける状況を考えます。公共財の量をxとして，3人の公共財に対する逆需要関数が次のように定式化されています。

$P^D_A = 30 - 2x$

$P^D_B = 10 - x$

$P^D_C = 20 - 2x$

政府の公共財生産の総費用関数は$C = \frac{5}{2}x^2$で与えられています。

（問1）公共財の最適供給量（x^*）を求めなさい。

（問2）リンダール・メカニズムに基づいて費用負担を決めるとき，3人の個人A，B，Cの公共財1単位当たりの費用負担額を求めなさい。

《解答＆解答の解説》

これは公共財の最適供給の部分均衡分析の問題です。

(問1)

3人の公共財に対する逆需要関数（需要者価格関数）は公共財に対する私的限界便益関数と考えることができます。公共財の「等量消費性（非競合性）」に着目すると，社会的限界便益（SMB）関数は，3人の公共財に対する私的限界便益関数の垂直和として求められます。

$SMB = (30 - 2x) + (10 - x) + (20 - 2x) = 60 - 5x$
$\quad\quad\quad\quad\quad\quad\quad\quad\quad\quad\quad\quad\quad\quad$（$0 \leqq x \leqq 10$のとき）

$SMB = 30 - 2x \quad\quad\quad\quad\quad\quad$（$10 \leqq x \leqq 15$のとき）

⇩

公共財生産の総費用関数 $C = \dfrac{5}{2}x^2$ より，公共財生産の限界費用関数 MC $= 5x$ を得ることができます。　　　　　　　　　　　【☞微分法　p.94】

⇩

公共財の最適供給条件式 SMB＝MC より，

$60 - 5x = 5x$

ですので，$x^* = 6$　（答）　　　　　　　　　　　【☞一次方程式の解　p.66】

図1-6　公共財の最適供給とリンダール・メカニズム

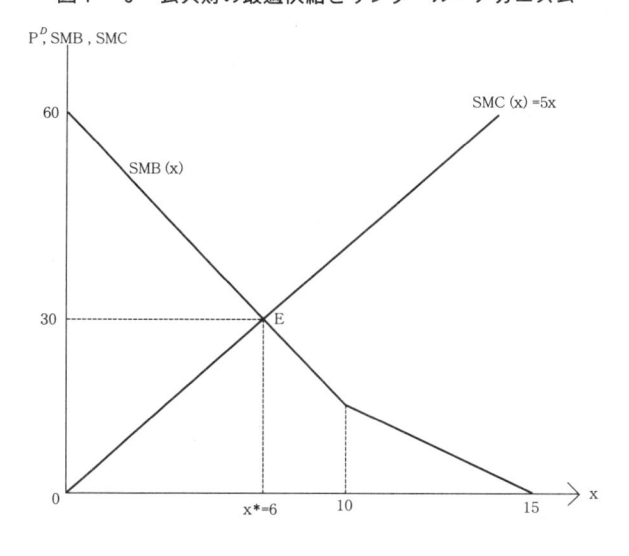

34　第1部　学習のポイント：こんな計算問題

(問2)

リンダール・メカニズム均衡下では，3人の個人A，B，Cは，$x^*=6$の下における限界便益の割合で，限界費用（$MC=5x^*=30$）を負担します。

$P^D_A{}^*=30-2x^*=18$　（答）

$P^D_B{}^*=10-x^*=4$　（答）

$P^D_C{}^*=20-2x^*=8$　（答）

問題13：不完全競争市場の理論（独占企業の理論）

$C=C(y)=y^2$の形の総費用関数をもっている独占企業を考えます。市場需要関数は，$D=D(P)=1200-P$で与えられています。

(問1)　利潤最大化生産量を求めなさい。

(問2)　この独占企業の設定する価格水準を求めなさい。

(問3)　消費者余剰，生産者余剰，社会的総余剰，厚生上の損失（死荷重）の大きさを求める計算式を示しなさい。

(問4)　この独占企業の超過利潤を求めなさい。

《解答＆解答の解説》

独占企業の理論が不完全競争市場の理論の基本です。

(問1)

この独占企業の利潤最大化問題は次のように定式化されます。利潤をπとします。市場需要関数$D=1200-P$より，$P=1200-y$（逆需要関数）を得ることができます。

$\text{Max }\pi=P\cdot y-C(y)=(1200-y)\cdot y-y^2=1200y-2y^2$

⇩

利潤最大化の1階の条件は，

$\dfrac{d\pi}{dy}=1200-4y=0$

です。$y^*=300$　（答）

【☞乗法公式　p.70，目的関数と選択変数　p.115，微分法　p.94】

(問2)

独占企業の供給曲線は $y^*=300$ で垂直です。したがって、市場の需給均衡条件式は $y^*=1200-P$ であり独占企業の設定する価格水準は $P^*=900$ です。(答)

(問3)

消費者余剰、生産者余剰、社会的総余剰、厚生上の損失（死荷重）をそれぞれ CS，PS，TS，DW とします。

$$CS = (1200-900) \times 300 \times \frac{1}{2} \quad \text{(答)}$$
$$PS = [(900-600)+(900-0)] \times 300 \times \frac{1}{2} \quad \text{(答)}$$
$$TS = CS + PS \quad \text{(答)}$$
$$DW = (900-600) \times (400-300) \times \frac{1}{2} \quad \text{(答)}$$

【☞台形の面積 p.28，乗法公式 p.70】

(問4)

$$\pi^* = P(y^*) \cdot y^* - C(y^*)$$
$$= (1200-y^*) \cdot y^* - y^{*2} = 180,000 \quad \text{(答)}$$

図1－7　独占企業の理論

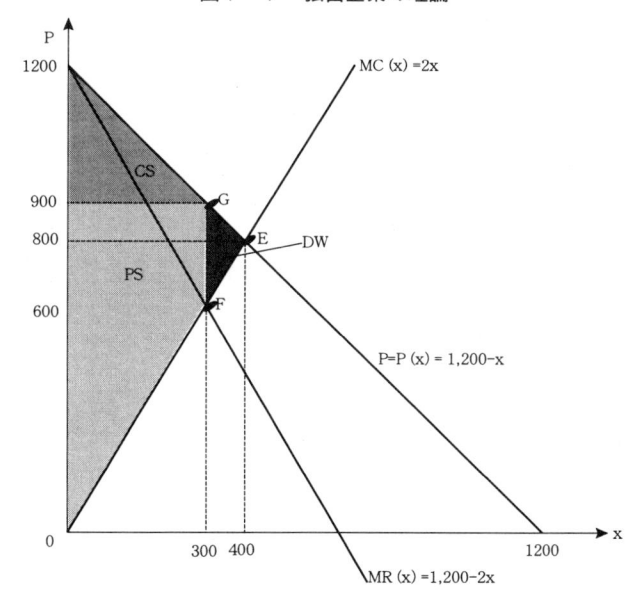

問題14:ナッシュ均衡の求め方(ゲームの理論)

　表1−1はゲーム問題の「標準型による表現」と呼ばれています。ゲームの問題の定式化の3つの基本要素は次のものです。

(1) ゲームのプレーヤー:A,B
(2) プレーヤーA,Bの選択できる戦略
　　A:$S_A = \{s_A | \alpha_1, \alpha_2\}$
　　B:$S_B = \{s_B | \beta_1, \beta_2\}$

表1−1　ゲームの理論

		Bの戦略	
		β_1	β_2
Aの戦略	α_1	(<u>10</u>, <u>4</u>)	(<u>5</u>, 3)
	α_2	(2, <u>8</u>)	(0, 2)

(3) 選択する戦略の組み合わせごとにプレーヤーA,Bが受け取る利得
　　例えば,表1−1において,
　　$u_A(\alpha_1, \beta_1) = 10$:Aが戦略$\alpha_1$,Bが戦略$\beta_1$をとったときのAの利得
　　$u_B(\alpha_1, \beta_1) = 4$:Aが戦略$\alpha_1$,Bが戦略$\beta_1$をとったときのBの利得
(問)　表1−1におけるナッシュ均衡を求めなさい。

《解答&解答の解説》

　ゲーム理論は複数の経済主体の意思決定にかかわる問題を取り扱っています。Aが,Bのとる戦略s_Bを所与としたときに,自らの利得を最大にするように戦略s_Aを選ぶことを,$s_A = f_A(s_B)$とし,またBが,Aのとる戦略s_Aを所与としたときに,自らの利得を最大にするように戦略s_Bを選ぶことを,$s_B = f_B(s_A)$とします。このとき,A,B2人の戦略の組み合わせ(s_A^*, s_B^*)が,
　　$s_A^* = f_A(s_B^*)$
　　$s_B^* = f_B(s_A^*)$
の関係を満たすとき,このような戦略の組み合わせは「ナッシュ均衡」と呼ばれています。

① Bが戦略β_1をとったとき,
　　$u_A(\alpha_1, \beta_1) = 10 > 2 = u_A(\alpha_2, \beta_1)$
なので,Aは戦略α_1をとります。10の下に下線を引きます。

② Bが戦略β_2をとったとき，

$u_A(\alpha_1, \beta_2) = 5 > 0 = u_A(\alpha_2, \beta_2)$

なので，Aは戦略α_1をとります。5の下に下線を引きます。

③ Aが戦略α_1をとったとき，

$u_B(\alpha_1, \beta_1) = 4 > 3 = u_B(\alpha_1, \beta_2)$

なので，Bは戦略β_1をとります。4の下に下線を引きます。

④ Aが戦略α_2をとったとき，

$u_B(\alpha_2, \beta_1) = 8 > 2 = u_B(\alpha_2, \beta_2)$

なので，Bは戦略β_1をとります。8の下に下線を引きます。

⇩

2本の下線が引かれている (10, 4)，すなわち (α_1, β_1) がナッシュ均衡です。(答)

第2章 マクロ経済学の計算問題

問題15：45度線分析

次の45度線モデルを考えます。

$Y = C + I + G$　　（生産物市場の需給均衡式）
$C = 100 + 0.8 Y_d$　　（消費関数）
$Y_d = Y - T$　　（可処分所得の定義）
$T = 50$　　（定額税）
$I = 200$　　（一定の投資支出）
$G = 50$　　（一定の政府支出）
$Y_f = 1,700$　　（完全雇用国民所得）

（問1）　均衡国民所得（Y^*）を求めなさい。
（問2）　生産物市場が均衡している下での民間貯蓄（S^*）を求めなさい。
（問3）　この経済では，インフレギャップが生じているのか，デフレギャップが生じているのか答えなさい。また，その大きさを求めなさい。
（問4）　投資乗数を求めなさい。
（問5）　完全雇用を実現するための政府支出の変化を求めなさい。
（問6）　均衡予算乗数を求めなさい。

《解答＆解答の解説》

どのような問題であろうと，「45度線モデル」はまずは上記のように定式化

することが理解を確実なものにします。すなわち、モデルを書くときは、「$Y=C+I+G$」とまず書いて、未知数がYの1つだけですから、Y以外の記号がでてくれば、Yで説明できるまで展開することです。例えば、消費関数にはY_dがあるので、可処分所得にはTがあるので、租税にはYがあり、これで終了で、次に投資の説明へ続きます。45度線モデルの理解には図示が役に立ちます。上記のモデルを縦軸にC，I，G，横軸にYをとって図示しましょう。

(問1)

$Y=C+I+G$にC，I，Gを代入します。

$Y=100+0.8Y_d+200+50$

$=100+0.8(Y-50)+200+50$

⇩

$Y^*=1,550$ (答)

(問2)

政府部門がないときの民間貯蓄は($Y-C$)ですが、政府部門があるときの民間貯蓄は($Y-T-C$)です。

$S^*=Y^*-T-C^*(Y^*)=Y^*-50-\{100+0.8(Y^*-50)\}$

$=0.2Y^*-110=0.2\times 1,550-110=200$ (答)

【☞乗法公式 p.70】

(問3)

$\{C(Y_f)+I+G\}$ を求めます。

$\{C(Y_f)+I+G\}=100+0.8(Y_f-50)+200+50$

$\phantom{\{C(Y_f)+I+G\}}=100+0.8(1,700-50)+200+50$

$\phantom{\{C(Y_f)+I+G\}}=1,670$

$Y_f>\{C(Y_f)+I+G\}$ ですので、デフレギャップが生じています。(答)

デフレギャップの大きさは、

$Y_f-\{C(Y_f)+I+G\}=1,700-1,670=30$ (答)

【☞乗法公式 p.70】

(問4)

　$I=200$の代わりに$I=I_0$を用います。

　　$Y=100+0.8Y_d+I_0+50$

　　　$=100+0.8(Y-50)+I_0+50$

　　⇩

　　$(1-0.8)Y=110+I_0$

　　⇩

　　$Y^*=\dfrac{110}{1-0.8}+\dfrac{I_0}{1-0.8}$

　　⇩

　　$\dfrac{\Delta Y^*}{\Delta I_0}=\dfrac{1}{1-0.8}=5$　(答)

(問5)

　問4と同様にして，$G=50$の代わりに$G=G_0$を用います。

　　$Y=100+0.8Y_d+200+G_0$

　　　$=100+0.8(Y-50)+200+G_0$

　　⇩

　　$(1-0.8)Y=260+G_0$

　　⇩

　　$Y^*=\dfrac{260}{1-0.8}+\dfrac{G_0}{1-0.8}$

　　⇩

　　$\dfrac{\Delta Y^*}{\Delta G_0}=\dfrac{1}{1-0.8}=5$

　したがって，$Y_f-Y^*=1{,}700-1{,}550=150$ですので，$\Delta Y^*=150$であり，かくて$\Delta G_0=30$が得られます。(答)

(問6)

　問4，問5と同様にして，$G=50$，$T=50$の代わりに$G=G_0$，$T=T_0$を用います。

　　$Y=100+0.8Y_d+200+G_0$

　　　$=100+0.8(Y-T_0)+200+G_0$

　　⇩

$(1-0.8)Y = 300 - 0.8T_0 + G_0$

⇩

$$\frac{\Delta Y^*}{\Delta T_0} = -\frac{0.8}{1-0.8} = -4$$

$$\frac{\Delta Y^*}{\Delta G_0} = \frac{1}{1-0.8} = 5$$

したがって，均衡予算乗数は，

$$\frac{\Delta Y^*}{\Delta T_0} + \frac{\Delta Y^*}{\Delta G_0} = -4 + 5 = 1 \quad (答)$$

問題16：IS－LM分析

次のIS－LMモデルを考えます。

$Y = C + I + G$	（生産物市場の需給均衡式）
$C = 50 + 0.8Y_d$	（消費関数）
$Y_d = Y - T$	（可処分所得の定義）
$T = T_0$	（一括固定税）
$I = 730 - 50r$	（投資関数）
$G = G_0$	（一定の政府支出）
$M^S = M^D$	（貨幣市場の需給均衡式）
$M^S = 800$	（一定の貨幣供給）
$M^D = L_1(Y) + L_2(r)$	（貨幣需要関数）
$L_1 = 0.2Y$	（取引動機・予備的動機に基づく貨幣需要）
$L_2 = 800 - 50r$	（投機的動機に基づく貨幣需要）

（問1） r はコンソル債の利子率（年率）です。利札が1年当たり100円，現在のコンソル債価格が2,000円であるとき，現在の利子率を求めなさい。

（問2） IS方程式，LM方程式を求めなさい。

（問3） $T_0 = G_0 = 100$ とします。国民所得，利子率の均衡水準を求めなさい。

(問4) 拡張的財政政策により政府支出が150に増加したときの国民所得，利子率の均衡水準を求めなさい。

《解答＆解答の解説》
 IS－LM分析が，マクロ経済学でもっとも有用な分析用具だと思います。IS－LMモデルを図と式で理解しましょう。

(問1)
 P^d＝コンソル債の流通価格，R＝利札（クーポン）の系列，r＝利子率とすれば，

$$P^d = \frac{R}{(1+r)} + \frac{R}{(1+r)^2} + \cdots\cdots + \frac{R}{(1+r)^n} + \cdots\cdots$$
$$= \frac{R}{r}$$

の関係がありますので，P^d＝2,000，R＝100のとき，

 $r^* = 0.05 (5\%)$ （答）

【☞将来価値から現在価値を求める　p.82，無限等比級数　p.77】

(問2)
 IS方程式，LM方程式はそれぞれ生産物市場，貨幣市場の需給均衡を満たす国民所得と利子率の組み合わせを示しています。

① $Y = C + I + G$
$= (50 + 0.8 Y_d) + (730 - 50r) + G_0$
$= \{50 + 0.8(Y - T_0)\} + (730 - 50r) + G_0$
⇩
$Y = (\frac{1}{1-0.8})(780 - 0.8 T_0 - 50r + G_0)$
$= 3,900 - 4T_0 - 250r + 5G_0$ （答：IS方程式）

② $M^S = M^D$
$800 = 0.2Y + 800 - 50r$
⇩
$Y = 250r$ （答：LM方程式）

(問3)

$T_0 = G_0 = 100$のとき，IS方程式，LM方程式はそれぞれ

$Y = 3{,}900 - 4T_0 - 250r + 5G_0$

$ = 3{,}900 - 4 \times 100 - 250r + 5 \times 100$

$ = 4{,}000 - 250r$ （IS方程式）

$Y = 250r$ （LM方程式）

⇩

IS-LMモデルは2本の方程式，2個の未知数（Y，r）をもっています。

$r^* = 8$ （答）

$Y^* = 2{,}000$ （答）

【☞連立方程式の解 p.175】

(問4)

$T_0 = 100$，$G_0 = 150$のとき，問3と同様にして，

$r^* = 8.5$ （答）

$Y^* = 2{,}125$ （答）

問題17：AD-AS（総需要-総供給）分析

次のAD-ASモデルを考えます。

$Y = C + I$ （生産物市場の需給均衡式）

$C = 20 + 0.6Y$ （実質消費関数）

$I = 70 - 6r$ （実質投資関数）

$\dfrac{M^S}{P} = M^D$ （貨幣市場の需給均衡式）

$M^S = 360$ （一定の名目貨幣供給）

$M^D = L_1(Y) + L_2(r)$ （実質貨幣需要関数）

$L_1 = \dfrac{1}{3}Y$ （取引動機・予備的動機に基づく貨幣需要）

$L_2 = 170 - 8r$ （投機的動機に基づく貨幣需要）

$Y = 5\sqrt{NK}$ （生産関数）

$K = 25$　　　　　　　　　（一定の資本）
$w = \dfrac{25}{6}$　　　　　　　（一定の貨幣賃金率）
$N_f = 64$　　　　　　　　（完全雇用量）

（問1）　総需要（AD）関数を求めなさい。
（問2）　総供給（AS）関数を求めなさい。
（問3）　この経済の（不完全雇用）均衡状態における Y^*, P^*, r^*, u^*（失業率）を求めなさい。

《解答＆解答の解説》

$\sqrt{NK} = (NK)^{\frac{1}{2}}$ です。本問題はケインズ体系下におけるAD関数とAS関数の導出の問題です。ケインズ派経済学と古典派経済学のちがいは，AS関数をめぐるものです。

（問1）

まずIS方程式，LM方程式を求めます。

① IS方程式

$Y = C + I = (20 + 0.6Y) + (70 - 6r) = 90 + 0.6Y - 6r$

$(1 - 0.6)Y = 90 - 6r$

⇩

$r = 15 - \dfrac{1}{15}Y$　（IS方程式）

② LM方程式

$\dfrac{M^S}{P} = M^D$

$\dfrac{360}{P} = \dfrac{1}{3}Y + (170 - 8r)$

⇩

$r = \dfrac{170}{8} + \dfrac{1}{24}Y - \dfrac{45}{P}$　（LM方程式）

⇩

IS方程式，LM方程式よりrを消去します。すなわち，

$15 - \dfrac{1}{15}Y = \dfrac{170}{8} + \dfrac{1}{24}Y - \dfrac{45}{P}$

より，

$$P = \frac{5{,}400}{13Y + 750} \quad (答：AD関数)$$
$$= P(Y)$$

(問2)

企業の利潤（π）最大化問題は，r＝資本の名目レンタル料とすると，

$$\text{Max } \pi = P \cdot Y - (wN + rK)$$
$$= P \cdot 5(NK)^{\frac{1}{2}} - (wN + rK)$$

と定式化されます。利潤最大化の1階の条件は，

$$\frac{d\pi}{dN} = P \cdot \left(\frac{25}{2}\right) N^{-\frac{1}{2}} - w$$
$$= P \cdot \left(\frac{25}{2}\right) N^{-\frac{1}{2}} - \frac{25}{6} = 0$$

ですので，

【☞目的関数と選択変数 p.115，微分法 p.94】

$$\frac{25}{6P} = \left(\frac{25}{2}\right) N^{-\frac{1}{2}} \quad (労働需要関数：古典派の第一公準)$$

です。生産関数 $Y = 25N^{\frac{1}{2}}$ より，$N^{-\frac{1}{2}} = \frac{25}{Y}$ ですので，これを利潤最大化の1階の条件に代入すると，

$$P = \frac{1}{75} Y \quad (答：AS関数)$$
$$= P(Y)$$

【☞指数の法則 p.71，一次方程式の解 p.66】

(問3)

AD曲線は右下り，AS曲線は右上がりです。AD曲線とAS曲線の交点より，YとPの均衡水準を得ることができます。

$$\frac{5{,}400}{13Y + 750} = \frac{1}{75} Y$$

ですので，

$Y^* = 150$ （答）

$P^* = 2$ （答）

これをIS方程式に代入すると，

$$r^* = 15 - \frac{1}{15}Y^* = 5\,(\%)\ (答)$$

生産関数より，$N^{-\frac{1}{2}} = \frac{25}{Y}$ ですので，$N^* = 36$

したがって，失業率は，

$$u^* \equiv \frac{N_f - N^*}{N_f} \times 100 = \frac{64 - 36}{64} \times 100$$
$$= 43.75\%\ (答)$$

【☞指数の法則 p.71】

第3章 経済動学の計算問題

問題18：ハロッド＝ドーマーの成長理論

必要資本係数を9，利子率を3％，平均貯蓄性向を30％，人口増加率を2％，技術進歩率を2％とします。
(問1) 保証成長率を計算しなさい。
(問2) 自然成長率を計算しなさい。

《解答＆解答の解説》

ハロッド＝ドーマー・モデルはケインズ派成長理論です。そこでは，現実の成長率，保証成長率，自然成長率の3つの成長率の関係が重要です。「保証成長率」あるいは「適正成長率」は資本の完全利用（正常稼働）を保証する成長率です。自然成長率は労働の完全雇用が持続するために必要な成長率です。

(問1)

$$保証成長率 = \frac{30}{9}(\%) \quad (答)$$

【☞ハロッド＝ドーマーの成長モデル p.197】

(問2)

$$自然成長率 = 2 + 2 = 4(\%) \quad (答)$$

【☞ハロッド＝ドーマーの成長モデル p.197】

問題19：新古典派経済成長理論

次のソローの新古典派成長モデルを考えます。

$Y = F(K, L) = \sqrt{KL}$ （マクロ生産関数）
$S = sY = 0.2Y$ （貯蓄関数）
$n = 0.01$ （労働人口成長率）

ここで，Y＝国民所得，K＝資本投入量，L＝労働投入量，S＝貯蓄です。

（問1） 資本・労働比率 $k \equiv \dfrac{K}{L}$ と1人当たり国民所得 $y \equiv \dfrac{Y}{L}$ の関係を示しなさい。

（問2） ソロー方程式を本問に即して示しなさい。

（問3） 定常状態における資本・労働比率 k^*，1人当たり国民所得 y^* を求めなさい。

（問4） 問3において，経済成長率 $\dfrac{dY}{Y}$ はいくらであるのか求めなさい。

（問5） 定常状態における1人当たりの消費量を求めなさい。

《解答＆解答の解説》

$\sqrt{KL} = (KL)^{\frac{1}{2}}$です。新古典派成長理論はケインジアンのハロッド＝ドーマー型成長理論と対照させながら学習しましょう。ソロー・モデルでは，生産要素価格の変化を通じて，資本の完全利用・労働の完全雇用が達成されています。

（問1）

$$y \equiv \frac{Y}{L} = \frac{(KL)^{\frac{1}{2}}}{L} = \left(\frac{K}{L}\right)^{\frac{1}{2}} = k^{\frac{1}{2}} \quad （答）$$

【☞指数の法則 p.71】

（問2）

ソロー方程式は，$dk = sf(k) - nk$（☞p.211参照）ですので，

$dk = 0.2 f(k) - 0.01 k = 0.2 f(k) - 0.01 k$
$\quad = 0.2 k^{\frac{1}{2}} - 0.01 k \quad （答）$

【☞ソローの新古典派成長モデル　p.209，微分方程式　p.201】

（問3）

定常状態（☞p.209）では，$dk=0.2k^{\frac{1}{2}}-0.01k=0$ ですので，$k^{*}=400$ したがって，$y^{*}=k^{*\frac{1}{2}}=20$です。（答）

【☞ソローの新古典派成長モデル　p.209，指数の法則　p.71】

（問4）

定常状態では，均斉成長ですので，
$$\frac{dY}{Y}=\frac{dK}{K}=\frac{dL}{L}=0.01 \quad （答）$$
です。

【☞ソローの新古典派成長モデル　p.209，成長率　p.100】

（問5）

1人当たりの消費量は，$f(k)-sf(k)=(1-s)f(k)$ ですので，定常状態における1人当たりの消費量（c^{*}）は，

$$c^{*}=(1-s)f(k^{*})=(1-0.2)k^{*\frac{1}{2}}$$
$$=(1-0.2)\times 20=16 \quad （答）$$

問題20：くもの巣モデル

市場需要関数が $D=a-bP$，市場供給関数が $S=-c+dP$ で与えられています。

（問1）　$t-1$ 期の価格が P_{t-1} のとき，次期の価格 P_t はどのように表されるのでしょうか。

（問2）　t 期の価格を a，b，c，d，t および P_0（初期価格）のみを使って表しなさい。

（問3）　均衡が安定的になるための条件を求めなさい。

《解答＆解答の解説》

くもの巣モデル（☞p.221）は次のように定式化されます。

$D_t = S_t$　　　　　　　　　　　　（需給均衡条件式）

$D_t = D_t(P_t) = a - bP_t$　　　　（需要関数：$a, b > 0$）

$S_t = S_t(P_{t-1}) = -c + d \cdot P_{t-1}$　（供給関数：$c, d > 0$）

（問1）

生産者は今期の価格が来期も続くという静学的期待をもっています。生産者は $t-1$ 期の価格が P_{t-1} であれば、t 期は $-c + d \cdot P_{t-1}$ だけの供給を行います。t 期の市場均衡価格は、

$a - bP_t = -c + d \cdot P_{t-1}$　　（$D_t = S_t$）

によって決定され、

$P_t^* = \dfrac{a+c}{b} - \left(\dfrac{d}{b}\right) P_{t-1}$　（答）

【☞くもの巣モデル p.221, 差分方程式 p.213】

（問2）

$P_t = \dfrac{a+c}{b} - \left(\dfrac{d}{b}\right) P_{t-1}$ は1階差分方程式です。

⇩

この方程式を解くには、時間の添字を1期後へ移動し、$t \to t+1$, $t-1 \to t$ にするほうが便利です。

⇩

$P_{t+1} + \left(\dfrac{d}{b}\right) P_t = \dfrac{a+c}{b}$　（1階差分方程式）

⇩（初期価格を P_0 とした，1階差分方程式の確定解）

$P_t = P_c + P_p$

$= \left(P_0 - \dfrac{a+c}{b+d}\right)\left(-\dfrac{d}{b}\right)^t + \dfrac{a+c}{b+d}$　（答）

【☞くもの巣モデル p.221, 差分方程式 p.213】

（問3）

上記の $P_p = \dfrac{a+c}{b+d}$ は特殊積分であり、モデルの異時間的均衡価格

（☞p.207参照）です。これは定数ですから，定常均衡（☞p.209参照）です。$-\dfrac{d}{b} < 0$ ですから，時間経路は振動します。これが「くもの巣現象」を引き起こす理由です。

⇩

d＜b ならば，減衰的振動です。すなわち，$\dfrac{d}{b} < 1$ が安定条件です。（答）

【☞くもの巣モデル p.221，差分方程式 p.213】

第 2 部

ミクロ経済学のための基礎数学

第4章 関　　数

I　変数，定数およびパラメーター

1　数学的経済モデル
① 短期の生産関数

$$y = f(L, K_0) = 5L \quad (\text{線型の生産関数：} K_0 = 0)$$

② 長期の生産関数

$$y = f(L, K) = AL^a K^{1-a} \quad (\text{コブ・ダグラス型生産関数})$$

⇩（ここで，y＝生産量，L＝労働投入量，K＝資本投入量です）

現実の経済の骨格だけを大ざっぱに表現した上記のようなものは「数学的経済モデル」と呼ばれています。

2　変数，定数およびパラメーター

(1) 変　　数

「変数」はいろいろな値をとるので，それは特定の数ではなく記号（例えば，上記のy，L，K）で表されています。

⇩（内生変数と外生変数）

① 内 生 変 数

「内生変数」はモデルの内部で決まるものです。例えば，利潤最大化によって決まる生産量（y^*），需給均衡によって決まる価格（P^*）などです。＊はスターもしくはアステリスクと読まれます。

② 外 生 変 数

「外生変数」はモデルの外部で決まるものです。外生変数は下添字 0 をつけて内生変数と区別されています（例えば，K_0）。

⇩

あるモデルにとっては内生変数であるものが，他のモデルでは外生変数となりうることがあります。

(2) 定　　　数

「定数」は変化しない数量です。定数が変数と一緒になっているとき，例えば，5L の 5 は，その変数の「係数」と呼ばれています。

(3) パラメーター（パラメーター定数）

「パラメーター」は変数であるような定数です。例えば，$AL^{\alpha}K^{1-\alpha}$ の A，α（アルファ）はどんな値をもとることができるので，「パラメーター定数（パラメーター）」と呼ばれています。

3　実数の体系

2 つの整数の比率になる数は「有理数」，ならない数は「無理数」と呼ばれています。

(1) 有　理　数

① 整　数

　1　正の整数：1，2，3，……

　2　負の整数：−1，−2，−3，……

　3　0（ゼロ）

② 分　数（2 つの整数の比）：$\dfrac{1}{2}$，$-\dfrac{2}{3}$，……

(2) 無　理　数：$\sqrt{2}$，……

⇩

2 乗（平方）して a になる数は a の「平方根」$\sqrt{a}$ と呼ばれています。正の数，例えば 2 の平方根は $\sqrt{2}$，$-\sqrt{2}$ の 2 個あります。

II 方程式と不等式

1 3つのタイプの方程式

(1) **定義式**：例えば，π（総利潤）$\equiv R$（総収入）$- C$（総費用）

全く同じ意味をもつ2つの異なった表現の間の同等性を示す式です。

───**【知っておきましょう】** 等号記号（$=$）と恒等記号（$\equiv$）───

「$\pi \equiv R - C$」は「πは$R - C$と恒等的に等しい。」と読まれます。しかし，「$\pi \equiv R - C$」の意味で，「$\pi = R - C$」と書かれることがあります。

(2) **行動式**：例えば，$y = f(L, K_0)$（生産関数）

ある変数が他の変数の変化に応じてどのように動くかを示す式です。

(3) **均衡式**：例えば，S（供給）$= D$（需要）

均衡条件，すなわち均衡の達成に必要な条件を記述している式です。

2 不 等 式：例えば，$p_1 x_1 + p_2 x_2 < E_0$（予算集合）

(1) 開区間と閉区間

① 変数xの領域が開区間（a, b）であるとき，$a < x < b$

② 変数xの領域が閉区間［a, b］であるとき，$a \leq x \leq b$

(2) 不等式の4つの性質

① 推移性

　もし$a > b$かつ$b > c$ならば，$a > c$

② 加 減

　もし$a > b$ならば，$a \pm k > b \pm k$（複合同順）

③ 乗 除

　もし$a > b$ならば，$k > 0$のとき　$ka > kb$

　　　　　　　　　　　　　　　　$\dfrac{a}{k} > \dfrac{b}{k}$

$$k<0のとき\quad ka<kb$$
$$\frac{a}{k}<\frac{b}{k}$$

④　もし $a>b$, ($b\geqq 0$) ならば, $a^2>b^2$

【知っておきましょう】「強い意味での」と「弱い意味での」不等号

① 「強い意味での」不等号：＞または＜

② 「弱い意味での」不等号：≧または≦

【さらに進んだ学習のために】

(1) 相加平均≧相乗平均
$$\frac{a+b}{2}\geqq\sqrt{ab}$$

(2) コーシー・シュワルツの不等式
$$(a^2+b^2)(x^2+y^2)\geqq(ax+by)^2$$

(3) チェビシェフの不等式

$a_1\leqq a_2$, $b_1\leqq b_2$ のとき,

$$(a_1+a_2)(b_1+b_2)\leqq 2(a_1b_1+a_2b_2)$$

3　絶対値と不等式

(1) 絶対値 $|x|$ の定義

①　もし $x>0$ ならば, $|x|=x$

②　もし $x<0$ ならば, $|x|=-x$

③　もし $x=0$ ならば, $|x|=0$

⇩

実数の絶対値は＋,－の符号を除いた数値です。

(2) $|x|>m$ と $|x|<m$

①　$|x|>m \Leftrightarrow x<-m$ または $m<x$ 　($m>0$)

②　$|x|<m \Leftrightarrow -m<x<m$ 　($m>0$)

―【知っておきましょう】 同値(⇔)―――――――――――――

「⇔」は同値を意味しています。それは全く同じ意味をもつ2つの異なった表現の間の同等性を示す記号です。

(3) 絶対値の加減乗除
① $|a|+|b| \geqq |a+b|$
② $|a|-|b| \leqq |a-b|$
③ $|a| \times |b| = |a \times b|$
④ $\dfrac{|a|}{|b|} = \left|\dfrac{a}{b}\right|$

―【知っておきましょう】 $y=|f(x)|$のグラフ―――――――

$y=|f(x)|$のグラフは，$y=f(x)$のグラフを書き，x軸より下にある部分を上側に折り返したものと，x軸から上の部分を合わせたものです。

4 比 例 式

$a:b=c:d$ は $\dfrac{a}{b}=\dfrac{c}{d}$ とも書かれ，「比例式」と呼ばれています。このとき，$ad=bc$（外項の積＝内項の積）です。

Ⅲ 関 係 と 関 数

1 関 係：集合 $\{(L, y) | L \geqq y\}$

集合 $\{(L, y) | L \geqq y\}$ は $(1, 1)$, $(1, 0)$, $(1, -4)$ などの要素を含んでいます。

⇩

横軸にL，縦軸にyをとると，$L=1$のときyは1，0，-4などの値をとります。このように，Lに1つの値が与えられると，1つまたはそれ以上のyの値が得られるとき，「yとLとの間に関係が存在する。」と言われています。

2 関　数：集合 $\{(L, y) \mid y = f(L) = 5L\}$

　Lのおのおのの値に対してyの値がただ1つずつ定まるような関係は「関数」と呼ばれています。生産「関数」$y = f(L)$ のfは関数記号で、「yはLの関数である。」と読まれます。$y = f(L)$ において、$L = 1$ に対応するyの値は $L = 1$ における「関数の値」と呼ばれ、$f(1)$ で表されます。

⇩

　関数の定義はLの各値に対してyがただ1つだけ対応することを要求していますが、逆は必ずしも必要でありません。すなわち、同じyの値に2つ以上のLが対応していても構いません。

―【知っておきましょう】　写　像―――――――――――――
　関数は「写像」と呼ばれ、$y = f(L)$ は $f : L \to y$ と書かれます。矢印（→）は写像を意味しています。
――――――――――――――――――――――――――――

3　独立変数と従属変数

　生産「関数」$y = f(L)$ において、Lは関数の変数（独立変数）、yは関数の値（従属変数）と呼ばれています。

4　定義域（変域）と値域

　生産「関数」$y = f(L)$ において、変数Lのとりうる値の範囲は「Lの変域」またはこの「関数の定義域」、これに対応して定まる変数yの値の範囲はこの「関数の値域」と呼ばれています。

―【知っておきましょう】　値の「正」,「負」,「非負」および「非正」―
　① 　正：例えば、1, 2, 3, ……
　② 　負：例えば、−1, −2, −3, ……
　③ 　非負：例えば、0, 1, 2, 3, ……
　④ 　非正：例えば、0, −1, −2, −3, ……
―――――――――――――――――――――――――――――

Ⅳ 関数 y = f (L) のいろいろな型

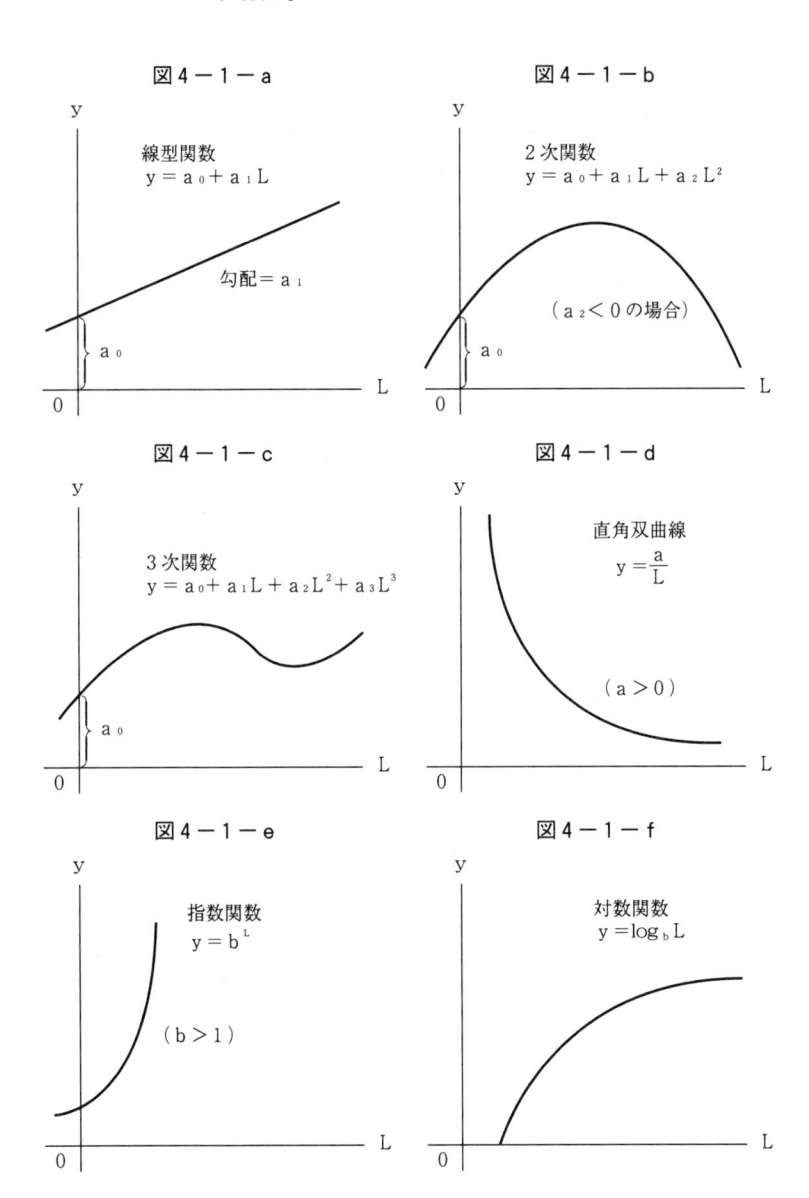

図 4 − 1 − a

線型関数
$y = a_0 + a_1 L$

勾配 $= a_1$

a_0

図 4 − 1 − b

2 次関数
$y = a_0 + a_1 L + a_2 L^2$

($a_2 < 0$ の場合)

a_0

図 4 − 1 − c

3 次関数
$y = a_0 + a_1 L + a_2 L^2 + a_3 L^3$

a_0

図 4 − 1 − d

直角双曲線
$y = \dfrac{a}{L}$

($a > 0$)

図 4 − 1 − e

指数関数
$y = b^L$

($b > 1$)

図 4 − 1 − f

対数関数
$y = \log_b L$

1 定値関数 (定数関数)

$$y = f(L) = L_0 \quad (例えば, y = f(L) = 5)$$

2 多項関数

$$y = a_0 + a_1 L + a_2 L^2 + a_3 L^3 + \cdots + a_n L^n \quad (多項関数の一般形)$$
$$= \Sigma a_i L^i \quad 【☞ \Sigma (シグマ) 計算 \ p.76】$$

⇩

上記のa_0は$a_0 L^0$, $a_1 L$は$a_1 L^1$のことです。というのは, $L^0 = 1$, $L^1 = L$だからです。Lのベキを示す上添字指標 (例えば, L^0の0, L^1の1) は「指数」と呼ばれています (☞指数 p.71)。最大ベキ数は多項関数の「次数」と呼ばれています。

(1) 1次関数 (線型関数)

$$y = a_0 + a_1 L \ (a_1 \neq 0)$$

⇩ (縦軸 (y軸) 切片, 横軸 (L軸) 切片, 勾配)

$L = 0$のときのyの値a_0は「y切片 (縦軸切片)」, $y = 0$のときのLの値 $-\dfrac{a_0}{a_1}$は「L切片 (横軸切片)」と呼ばれています。a_1は「勾配」と呼ばれています。

⇩

$a_1 > 0$のとき右上がりの直線 (増加関数), $a_1 < 0$のとき右下がりの直線 (減少関数) です。

――【知っておきましょう】 $y - a_0 = a_1(L - b)$のグラフ――

それは, $y = a_1 L$のグラフをL軸方向にb, y軸方向にa_0だけ平行移動したものです。

(2) 2次関数 (2次の多項式)

$$y = a_0 + a_1 L + a_2 L^2 \ (a_2 \neq 0)$$

⇩

$y = a_2 L^2$は原点 (0, 0) を頂点, 縦軸 (y軸) を対称軸とする放物線で

す。$a_2>0$ ならば下に凸（とつ），$a_2<0$ ならば上に凸（とつ）で，$|a_2|$ が大きいほど開き方は小さくなります。

―【知っておきましょう】「平方完成」とグラフ―

$$y = a_2 L^2 + a_1 L + a_0 = a_2(L^2 + \frac{a_1}{a_2}L + \frac{a_0}{a_2})$$
$$= a_2\{(L + \frac{a_1}{2a_2})^2 - (\frac{a_1}{2a_2})^2 + \frac{a_0}{a_2}\}$$
$$= a_2(L + \frac{a_1}{2a_2})^2 - \frac{a_1^2}{4a_2} + a_0$$

⇩ (上記のような展開は「平方完成」と呼ばれています)

それは，

頂　点：$(-\frac{a_1}{2a_2}, -\frac{a_1^2}{4a_2} + a_0)$

対称軸：$L = -\frac{a_1}{2a_2}$

の放物線です。つまり，$y = a_2 L^2$ のグラフを，

L 軸方向に　$-\frac{a_1}{2a_2}$

y 軸方向に　$-\frac{a_1^2}{4a_2} + a_0$

だけ平行移動した放物線です。

―【知っておきましょう】　$y = a_2(L-\alpha)(L-\beta)$ のグラフ―

それは横軸切片（L切片）が α，β の放物線です。

3　有理関数

有理関数の一般形は，分母分子が多項式で表されるものです。例えば，

$$y = \frac{a}{L}$$

は $y = a$，$y = L$ の2つの多項式で表されています。$Ly = a$ の図は「直角双曲線」と呼ばれています。

4　非代数関数（超越関数）

定値関数，多項関数，多項式の累乗根（例えば，平方根）は「代数関数」と

呼ばれています。それに対し、下記のものは「非代数関数」と呼ばれています。

(1) 指 数 関 数

例えば、$y = b^L$ です。独立変数 L は指数になっています。

(2) 対 数 関 数

例えば、$y = \log_b L$ です。

(3) 三 角 関 数（あるいは円関数）

例えば、$y = \sin L$ です。

V 方 程 式 の 解

1　1次方程式 $y = a_0 + a_1 L = 0$ の解

(1) $a_1 \neq 0$ のとき、
$$L = -\frac{a_0}{a_1}$$

(2) $a_1 = 0$ のとき、

① $a_0 = 0$ ならば、不定です（解が無数にあります）。

② $a_0 \neq 0$ ならば、不能です（解がありません）。

2　2次方程式 $y = a_0 + a_1 L + a_2 L^2 = 0$ （$a_2 \neq 0$）の解

高校数学で出てくる記号を用いて、2次方程式の解を求める公式を書くと、

(1) $ax^2 + bx + c = 0$ （$a \neq 0$）
$$x = \frac{-b \pm \sqrt{b^2 - 4ac}}{2a}$$

(2) $ax^2 + 2b'x + c = 0$ （$a \neq 0$）
$$x = \frac{-b' \pm \sqrt{b'^2 - ac}}{a}$$

──【知っておきましょう】　2次方程式の実数解の個数──

$y = ax^2 + bx + c = 0$ （$a \neq 0$）において、$D \equiv b^2 - 4ac$ と置くと、D は「判別式」と呼ばれ、2次方程式は、

(1) $D>0$ のとき, 2 個
(2) $D=0$ のとき, 1 個（重解）
(3) $D<0$ のとき, 0 個

の（実数の）解をもっています。

3　2次方程式の解の符号

$y=f(x)=ax^2+bx+c=0$　$(a>0)$ の解は,
$D\equiv b^2-4ac$ とおくと,

(1) 異なる2解とも正です。$\Leftrightarrow D>0,\ f(0)>0,\ -\dfrac{b}{2a}>0$
(2) 異なる2解とも負です。$\Leftrightarrow D>0,\ f(0)>0,\ -\dfrac{b}{2a}<0$
(3) 正の解と負の解です。　$\Leftrightarrow f(0)<0$

Ⅵ　不等式の解

1　1次不等式 $ax>b$ の解

(1) $a>0$ のとき
 $x>\dfrac{b}{a}$
(2) $a<0$ のとき
 $x<\dfrac{b}{a}$
(3) $a=0$ のとき
 ①　$b\geqq 0$（$b\leqq 0$）ならば, 解はありません。
 ②　$b<0$（$b>0$）ならば, 解は実数全体です。

2　2次不等式の解

2次方程式 $ax^2+bx+c=0$　$(a>0)$ の実数解を $\alpha,\ \beta$　$(\alpha<\beta)$ とします。また, 重解を α で表します。

(1) $D \equiv b^2 - 4ac > 0$ のケース

① $ax^2 + bx + c = a(x-\alpha)(x-\beta) > 0$ の解
$x < \alpha,\ x > \beta$

② $ax^2 + bx + c = a(x-\alpha)(x-\beta) \geq 0$ の解
$x \leq \alpha,\ x \geq \beta$

③ $ax^2 + bx + c = a(x-\alpha)(x-\beta) < 0$ の解
$\alpha < x < \beta$

④ $ax^2 + bx + c = a(x-\alpha)(x-\beta) \leq 0$ の解
$\alpha \leq x \leq \beta$

(2) $D \equiv b^2 - 4ac = 0$ のケース

① $ax^2 + bx + c = a(x-\alpha)^2 > 0$ の解
α 以外の実数全体

② $ax^2 + bx + c = a(x-\alpha)^2 \geq 0$ の解
実数全体

③ $ax^2 + bx + c = a(x-\alpha)^2 < 0$ の解
解はありません。

④ $ax^2 + bx + c = a(x-\alpha)^2 \leq 0$ の解
$x = \alpha$

(3) $D \equiv b^2 - 4ac < 0$ のケース

① $ax^2 + bx + c > 0$ の解
実数全体

② $ax^2 + bx + c \geq 0$ の解
実数全体

③ $ax^2 + bx + c < 0$ の解
解はありません。

④ $ax^2 + bx + c \leq 0$ の解
解はありません。

──【知っておきましょう】 a＜0のケース──
　a＜0のときは，不等式の両辺に－1を掛けて，x^2の係数を正にしてから解きます。

Ⅶ　逆　関　数

　y＝f(L) の「逆関数」はL＝f^{-1}(y) です。L＝f^{-1}(y) は「Lはyの逆関数である。」と読まれます。f^{-1}は$\frac{1}{f}$ではありません（☞p.97）。

Ⅷ　2個の独立変数をもつ関数とk次同次関数

1　2個の独立変数をもつ関数

(1)　1個の独立変数をもつ関数

　　　y＝f(L)　　　　（短期の生産関数）

(2)　2個の独立変数をもつ関数

　　　y＝f(L, K)　　　（長期の生産関数）

2　k次同次関数

(1)　k次同次関数

　関数 f(x_1, x_2, …, x_n) の各独立変数 x_1, x_2, …, x_n を λ（ラムダ）倍したとき，その関数の値が$λ^k$倍になれば，すなわち，

$$f(λx_1, λx_2, …, λx_n) = λ^k f(x_1, x_2, …, x_n)$$

になれば，それは「k次同次関数」と言われます。一般に，λはいかなる値をもとりえます。

(2)　規模に関する収穫法則

　生産関数 y＝f(L, K) に含まれるすべての生産要素の投入量を同一割合で変化させたときの生産量の変化についての法則は「規模に関する収穫法則」と

呼ばれています。λ＝任意の正の実数とすると，

① 規模に関して収穫逓増：$\lambda^k f(L,K) = f(\lambda L, \lambda K)$　$k>1$
② 規模に関して収穫一定：$\lambda^k f(L,K) = f(\lambda L, \lambda K)$　$k=1$
③ 規模に関して収穫逓減：$\lambda^k f(L,K) = f(\lambda L, \lambda K)$　$k<1$
　　⇩

$k=1$のときは「1次同次関数」と呼ばれています。生産関数の議論では，1次の同次関数がよく用いられます。

(3) k次同次生産関数の例

① コブ・ダグラス型生産関数：$y = A \cdot L^a \cdot K^b$　$A, a, b > 0$
② レオンティエフ型生産関数：$y = \min(aL, bK)$
③ 完全代替的な生産関数：$y = aL + bK$
④ CES型生産関数：$y = (aL^\rho + bK^\rho)^{\frac{1}{\rho}}$
　　　　　　　　　$a>0, b>0, \rho \leq 1$

Ⅸ　乗　法　公　式

1　整式の乗法

$$(P+Q+R)(S+T) = (P+Q+R)S + (P+Q+R)T$$
$$= PS + QS + RS + PT + QT + RT$$

2　乗法公式

① $m(a \pm b) = ma \pm mb$　（複合同順）
② $(a \pm b)^2 = a^2 \pm 2ab + b^2$　（複合同順）
③ $(a+b)(a-b) = a^2 - b^2$
④ $(x+a)(x+b) = x^2 + (a+b)x + ab$
⑤ $(ax+b)(cx+d) = acx^2 + (ad+bc)x + bd$
⑥ $(a \pm b)^3 = a^3 \pm 3a^2b + 3ab^2 \pm b^3$　（複合同順）
⑦ $(a+b+c)^2 = a^2 + b^2 + c^2 + 2ab + 2bc + 2ca$

⑧ $(a \pm b)(a^2 \mp ab + b^2) = a^3 \pm b^3$　（複合同順）

【知っておきましょう】　因数分解

　上記の式を左から右へ見れば「乗法公式」ですが，逆に右から左へ見れば「因数分解の公式」になります。

Ⅹ　指 数 の 法 則

1　指数の定義

$$y^n \equiv y \times y \times \cdots \times y \quad (n個のyの積)$$

2　指数の法則

① $y^m \times y^n = y^{m+n}$ 　　（例：$y^5 \times y^2 = y^7$）
② $y^m \div y^n = y^{m-n}$ 　　（例：$y^5 \div y^2 = y^3$）　$(y \neq 0)$
③ $y^{-n} = \dfrac{1}{y^n}$ 　　（例：$y^{-2} = \dfrac{1}{y^2}$）　$(y \neq 0)$
④ $y^0 = 1$ 　　　　　　　　　　　　　　　　　$(y \neq 0)$
⑤ $y^{\frac{1}{n}} = \sqrt[n]{y}$ 　　（例：$y^{\frac{1}{2}} = \sqrt{y}$）
⑥ $(y^m)^n = y^{mn}$ 　　（例：$(y^3)^2 = y^6$）
⑦ $x^m \times y^m = (xy)^m$ 　　（例：$x^3 \times y^3 = (xy)^3$）

第4章の補論1　集 合 の 概 念

1　集合（例えば，A）の表し方

　ある条件を満たすものの集まりは「集合」と呼ばれています。

(1) 列挙法：$A = \{1, 2, 3, 4, 5, 6\}$

　それは集合の要素をすべて書き並べる方法です。1，2，3，4，5，6は集合Aの「要素（元）」と呼ばれています。1が集合Aの要素であることは，記号∈（ギリシャ文字のエプシロンの変形）を用いて，$1 \in A$と書くことがで

きます。

(2) 叙述法：A＝{a｜aはサイコロの目}

これは「Aはaがサイコロの目であるようなすべての数aの集合」と読まれます。それは集合をつくる条件（文章，等式，不等式など）を示す方法です。

　　　　⇩（空集合）

要素を全く含まない集合は「空集合」と呼ばれ，記号 ϕ（ギリシャ文字のファイ）で表されます。

2　集合の間の関係

(1)　A＝B

2つの集合A，Bは同じ要素を含んでいます。「AとBは等しい。」と言われます。

(2)　A⊂B

2つの集合A＝{3，7}，B＝{1，3，5，7，9}の関係を見ると，集合Aが集合Bの「部分集合」になっています。「Aが集合Bの部分集合である。」は包含記号⊂（含まれる）を用いて，A⊂Bと書くことができます。

　　　　⇩（真部分集合）

上記の例示のように，A⊂Bであってかつ，A≠Bのとき，集合Aは集合Bの「真部分集合」と呼ばれます。

(3)　2つの集合は「互いに素である」

2つの集合は共通要素を全くもっていません。

3　集合の演算

① 和集合：A∪B

② 共通集合（交わり）：A∩B

③ 補集合：Ā（Aの補集合）

　　　　⇩

∪は「または」,∩は「および」,～は「…でない」の意味をそれぞれ示しています。

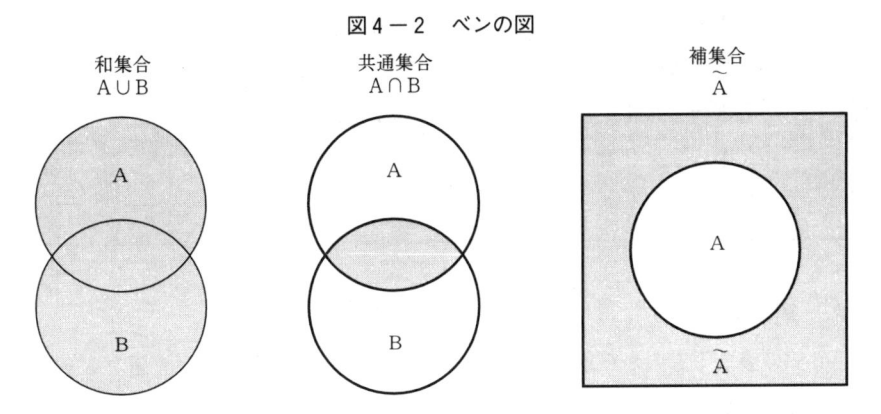

図4－2　ベンの図

和集合　　　　　共通集合　　　　　補集合
A∪B　　　　　　A∩B　　　　　　$\tilde{A}$

4　有限集合の要素の個数

有限集合A,Bのそれぞれの要素の個数をn(A),n(B)で表すと,
$$n(A\cup B)=n(A)+n(B)-n(A\cap B)$$
⇩
$A\cap B=\phi$のとき,$n(A\cup B)=n(A)+n(B)$です。

第4章の補論2　順列と組合せ

1　順　　列

異なるn個のものから,任意にr個とって1列に並べた「順列」の数を$_nP_r$とすれば,
$$_nP_r=n(n-1)(n-2)\cdots(n-r+1)$$
$$=\frac{n!}{(n-r)!}\quad (n\geq r)$$
⇩
n!は「nの階乗」と読まれています。0!=1と定められています。

---**【知っておきましょう】 n！（nの階乗）**---

ここで，nは任意に選ばれた正の整数です。

$$n! = n(n-1)(n-2)\cdots(3)(2)(1)$$

⇩（例題）

$2! = 2 \times 1$

$3! = 3 \times 2 \times 1$

$0! = 1$

---

2 組合せ

n個の異なるものから順序を考えずにr個とり出す選び方は，n個からr個とる「組合せ」と呼ばれ，その数を $_nC_r$ とすれば，

$$_nC_r = \frac{_nP_r}{r!} = \frac{n(n-1)(n-2)\cdots(n-r+1)}{r!}$$

$$= \frac{n!}{r!(n-r)!} \quad (n \geq r)$$

第4章の補論3　数列と無限級数

1　数　　列

(1) 数　　列

ある規則にしたがって並べられた数の列，a_1, a_2, a_3, …, a_n, …または $\{a_n\}$ は「数列」と呼ばれています。

⇩

a_1 は「初項」，a_2 は「第2項」，a_n は「第n項」または「一般項」と呼ばれています。項が有限の数列は「有限数列」，最後の項は「末項」と呼ばれています。

(2) 等差数列と等比数列

① 等　差　数　列

初項aにつぎつぎに一定の数dを加えて得られる数列は「等差数列」と呼

ばれています。dは「公差」と呼ばれています。
　　⇩
　等差数列の一般項は，$a_n = a + (n-1)d$ です。

② 等 比 数 列
　初項 a につぎつぎに一定の数 r を掛けて得られる数列は「等比数列」と呼ばれています。r は「公比」と呼ばれています。
　　⇩
　等比数列の一般項は，$a_n = a r^{n-1}$ です。

2　等差数列の和（S_n）の公式

(1)　$S_n = \dfrac{n(a+b)}{2}$

　ここで，a＝初項，b＝末項，n＝項数です。

(2)　$S_n = \dfrac{1}{2} n \{2a + (n-1)d\}$

　ここで，a＝初項，d＝公差，n＝項数です。

3　等比数列の和（S_n）の公式

(1)　$r \neq 1$ のとき

　①　$S_n = \dfrac{a(1-r^n)}{1-r}$

　　ここで，a＝初項，r＝公比，n＝項数です。

　②　$S_n = \dfrac{a-br}{1-r}$

　　ここで，a＝初項，b＝末項，r＝公比です。

(2)　$r = 1$ のとき

　　$S_n = na$

　ここで，a＝初項，n＝項数です。

4 Σ（シグマ）計算

(1) Σ（シグマ）計算の基本形

① $\Sigma(a_k \pm b_k) = \Sigma a_k \pm \Sigma b_k$

② $\Sigma c a_k = c \Sigma a_k$

③ $\Sigma c = nc$

(2) 自然数の累乗の和

① $\Sigma k = 1 + 2 + 3 + \cdots + n = \dfrac{n(n+1)}{2}$

② $\Sigma k^2 = 1^2 + 2^2 + 3^2 + \cdots + n^2 = \dfrac{n(n+1)(2n+1)}{6}$

5 無限数列と無限級数

(1) 無限数列

項が限りなく続く数列は「無限数列」と呼ばれています。

(2) 無限数列の極限値

無限数列 $\{a_n\}$ でnが限りなく大きくなるとき，a_n が一定の値 α に限りなく近づくならば，$\{a_n\}$ は α に「収束する」と呼ばれ，α はその「極限値」と呼ばれます。

⇩

記号では，「$\lim\limits_{n \to \infty} a_n = \alpha$」と書かれます。lim はリミットと読まれています。

──【知っておきましょう】 正の無限大に発散と負の無限大に発散──

$\lim\limits_{n \to \infty} a_n = \infty$ は「正の無限大に発散」，$\lim\limits_{n \to \infty} a_n = -\infty$ は「負の無限大に発散」と呼ばれています。

(3) 無限等比数列 $\{r^n\}$ の収束・発散

無限等比数列 $r, r^2, r^3, \cdots, r^n, \cdots$ は，

① $-1 < r < 1$ のとき，0に収束します。

② $r = 1$ のとき，1に収束します。

③ $r > 1$ のとき，∞に発散します（極限はあります）。

④ $r \leq -1$ のとき,発散します(極限はありません)。

(4) 無限等比級数

無限数列 $\{ar^{n-1}\}$ の項を,その番号の順に加えた式は「無限級数」と呼ばれています。

⇩

$\sum_{n=1}^{\infty} ar^{n-1} = a + ar + ar^2 + \cdots + ar^{n-1} + \cdots$ は初項 a,公比 r ($r \neq 0$) の「無限等比級数」と呼ばれています。

⇩

① $|r| < 1$ のとき,収束します。
  $S = \sum_{n=1}^{\infty} ar^{n-1} = \dfrac{a}{1-r}$

② $a \neq 0$, $|r| \geq 1$ のとき,発散します。

---【知っておきましょう】 第 n 部分和と級数の和---

無限級数の初めの n 項の和はこの級数の「第 n 部分和」と呼ばれています。第 n 部分和を S_n とするとき,数列 $\{S_n\}$ の極限値はこの「級数の和」と呼ばれています。

第4章の補論4　必要条件と十分条件

1　If …, then …

(1) 命　題

1つの判断を言葉で表したもので,真偽の区別がつけられるものは「命題」と呼ばれています。

⇩

命題の示す判断が正しい命題は「真」,正しくない命題は「偽」と言われています。

(2) 論理記号：$p \rightarrow q$

経済学には,「もし…ならば,…である (If…, then….)。」という記述がた

くさんでてきます。「もしpならば，qである (If p, then q.)。」という記述において，pは「仮定」，qは「結論」と呼ばれています。

⇩

"If p, then q." は論理記号「→」を用いて，"p→q" と表されます。

2　必要条件，十分条件，必要十分条件

(1)　必　要　条　件

命題"p→q"が真のとき，「qはpであるための必要条件です。」

⇩

"p→q"は「pならばq」あるいは「qのときのみpである。」と読まれます。「pはqを含む。」ものと解釈されます。

(2)　十　分　条　件

命題"q→p"が真のとき，「qはpであるための十分条件です。」

⇩

"q→p"は「qならばp」と読まれます。しかし，「qのときのみpである。」ではありません。「qはpを含む。」ものと解釈されます。より正確には，"q→p"は「qが真ならばpは真であるが，qが真でなくてもpは真である。」と読まれます。つまり，qが真であることはpが真であるために十分であるが，それはpの必要条件ではありません。

(3)　必要十分条件

命題"p→q"と命題"q→p"がともに真のとき，qはpの必要条件であると共に十分条件です。あるいは，pはqの必要条件であると共に十分条件です。すなわち，「qはpであるための必要十分条件」あるいは，「pはqであるための必要十分条件」です。

⇩

このときは，"p⇔q"と書かれ，「qのときそしてそのときのみpである。」と読まれます。あるいは，「pとqは同値である。」と呼ばれています。

第5章 指数関数と対数関数

Ⅰ 指 数 関 数

1 指 数
(1) 指数が定数のとき
　例えば，x^3，x^5
(2) 指数が変数のとき
　例えば，3^x，3^t

2 指 数 関 数
　$y = f(x) = b^x (b > 0, b \neq 1)$ のように，独立変数 x が指数として現れる関数は「指数関数」と呼ばれています。b は「指数の底（てい）」と呼ばれています。定義域は正および負の数ですが，値域は開区間（0，∞）です。
　⇩
　① $b > 1$ のとき，増加関数です。
　② $0 < b < 1$ のとき，減少関数です。

3 指数関数 $y = a b^{cx}$ の図示
　a と c は「圧縮」ないし「拡張」要因と呼ばれています。

図5－1　指数関数 $y = ab^{cx}$ の圧縮，拡張要因

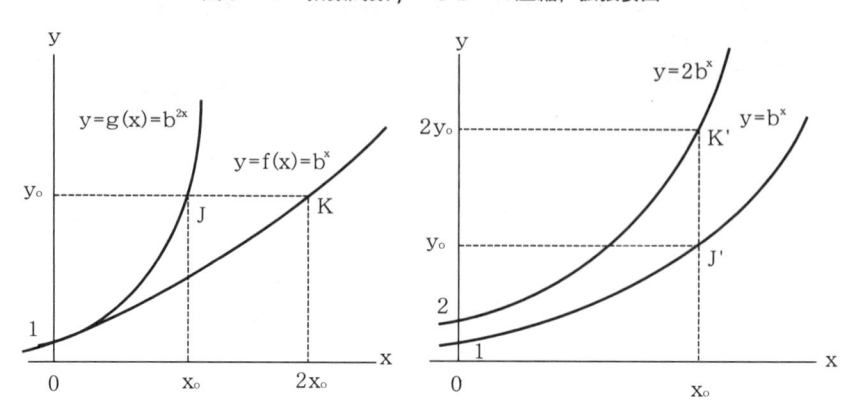

Ⅱ　自然指数関数

1　指数関数と自然指数関数

(1) 指数関数

$$y = ab^{cx}$$

(2) 自然指数関数

$$y = ae^{cx}$$

ここで，「$e = 2.71828\cdots$」は「望ましい底」と呼ばれています。

⇩

指数関数 $y = ab^{cx}$ の底 b に「$e = 2.71828\cdots$」を用いる場合が「自然指数関数」です。

──【知っておきましょう】　無理数 e の定義──

$$e \equiv \lim_{m \to \pm\infty} \left(1 + \frac{1}{m}\right)^m$$

2　自然指数関数の解釈

$y = ae^{cx}$ において，

① cを名目利子率（複利）と解釈します。
② cを瞬間的成長率と解釈します。

Ⅲ　複利の公式と現在価値

1　複利の公式

(1) **離散的な複利**

$$V(m) = A\left(1 + \frac{r}{m}\right)^{mt}$$

ここで，

　V(m)＝t年間の期末の元利合計

　A＝t年間の期首の元金

　m＝1年の間に利子が繰り入れられる回数

　r＝年率の名目利子率（5％ならば，0.05）

　t＝年数

(2) **連続的な複利**

$$V \equiv \lim_{m \to \infty} V(m) = A e^{rt}$$

ここで，

　V＝t年間の期末の元利合計

　A＝t年間の期首の元金

　m＝1年の間に利子が繰り入れられる回数

　r＝年率の名目利子率（5％ならば，0.05）

　t＝年数

　e＝2.71828…（望ましい底）

⇩

　Vは利子がt年を通して連続的に繰り入れられる極限のケースを求めたものです。

---【知っておきましょう】 eの経済的解釈―――

$V = Ae^{rt}$ において，$A=1$，$r=1(100\%)$，$t=1$ とおいたときは，$V=e$ になります。すなわち，$e(=2.71828\cdots)$ は1年当たり100％の利子が，連続的に繰り入れられたとき，1円の元金がなるであろう1年末の元利合計です。

表5－1 複利の公式

元金(円)	名目利子率	年数	期末の資産の価値
1	100％(＝1)	1	e
1	100％	t	e^t
A	100％	t	Ae^t
A	r	t	Ae^{rt}

2 現在価値と将来価値

(1) 現在価値から将来価値を求める

現在の価値A（元金）から将来の価値V（元金プラス利子）を求めます。

① 離散的なケース

$i=$ 年率の実質利子率として，利子を1年間に1回だけ繰り入れるとします。

　　　A(現在価値)→$V = A(1+i)^t$(将来価値)

② 連続的なケース

$r=$ 年率の名目利子率として，利子を連続的に繰り入れるとします。

　　　A(現在価値)→$V = Ae^{rt}$(将来価値)

(2) 将来価値から現在価値を求める：「割引の公式」

「将来価値から現在価値を求める」ことは「割引」と呼ばれています。

① 離散的なケース

　　　$V = A(1+i)^t$(将来価値)→$A = V(1+i)^{-t}$(現在価値)

② 連続的なケース

　　　$V = Ae^{rt}$(将来価値)→$A = Ve^{-rt}$(現在価値)

i，rは「割引率」と呼ばれています。

Ⅳ 常用対数・自然対数と対数関数

1 対数と対数関数
(1) 対数の定義
$$4^2 = 16 \Leftrightarrow 2 = \log_4 16$$
⇩

4を何乗すれば16になるでしょうか。4を「2」乗すれば16になります。これは「2は4を底とする16の対数である。」と表現されます。すなわち，「対数」は底（4）がある特定の数（16）になるために，増加させられなければならないベキ数に他なりません。

(2) 対数関数
対数関数（log関数）は指数関数の逆関数です。
⇩

「$y = f(x) = b^x$（$b > 0$，$b \neq 1$）」の形の指数関数の逆関数は，$x = \log_b y$ です。これは「xはbを底とするyの対数関数」と呼ばれています。yは対数xの「真数」と呼ばれ，必ずや $y > 0$ です。
⇩

① $b > 1$ のとき，増加関数です。
② $0 < b < 1$ のとき，減少関数です。

2 常用対数と自然対数
(1) 常用対数
「$x = \log_b y$」において底bを10とするとき，すなわち「10を底とするyの対数」は「常用対数」と呼ばれています。$x = \log_{10} y = \log y$ と書かれます。10のx乗はyになります。

> **【知っておきましょう】** $\log_{10} 1$ と $\log_{10} 10$
>
> 10の0乗は1ですので，$0 = \log_{10} 1$ です。10の1乗は10ですので，$1 = \log_{10} 10$ です。

(2) 自然対数

「$x = \log_b y$」において底bを「$e = 2.71828\cdots$」とするもの，すなわち「eを底とするyの対数」は「自然対数」と呼ばれています。$x = \log_e y = \ln y$ と書かれます。eのx乗はyになります。

> **【知っておきましょう】** $\log_e 1$ と $\log_e e$
>
> eの0乗は1ですので，$0 = \log_e 1$ です。eの1乗はeですので，$1 = \log_e e$ です。

V 対数の法則

① $\log_e (mn) = \log_e m + \log_e n \quad (m, n > 0)$
② $\log_e (\dfrac{m}{n}) = \log_e m - \log_e n \quad (m, n > 0)$
③ $\log_e m^c = c \log_e m \quad (m > 0)$
④ $\log_b m = (\log_b e)(\log_e m) \quad (m > 0)$
⑤ $\log_b e = \dfrac{1}{\log_e b}$

VI 指数方程式の解法

1 指数方程式

指数関数をゼロとおいたものは「指数方程式」と呼ばれています。例えば，$a b^x - c = 0 \quad (a, b, c > 0)$

2 指数方程式の解法

$ab^x - c = 0$

⇩

$ab^x = c$

⇩（対数を使って，線型方程式に変形します）

$\log a + x \log b = \log c$

⇩

$x^* = \dfrac{\log c - \log a}{\log b}$

第6章　微　　分

I　導　関　数

1　生産関数

投入・産出の最も効率的な生産技術関係は「生産関数」と呼ばれています。

　　　⇩（y＝生産量，L＝労働投入量，K＝資本投入量）

① 短期の生産関数

　　$y = F(L, K_0) = f(L)$（ここで，$K_0 = 0$）

② 長期の生産関数

　　$y = G(L, K)$

2　微分係数と導関数

(1) 差分と差分係数

① 差　　分

　　変数Lが初期値L_0から新しい値L_1に変化する場合には，その変化は$(L_1 - L_0)$です。$\Delta L = (L_1 - L_0)$は「差分」あるいは「増分」と呼ばれています。

　　　⇩（記号Δはギリシャ文字のデルタの大文字です）

　　初期値L_0から新しい値L_1への変化はL_0から$(L_0 + \Delta L)$への変化と言い換えることができます。

② 差分係数（平均変化率）

　　変数LがL_0から$(L_0 + \Delta L)$に変化すると，関数$y = f(L)$の値もf

（L_0）から $f(L_0+\Delta L)$ に変化します。Lの1単位の変化に対応するyの変化は，

$$\frac{\Delta y}{\Delta L}=\frac{f(L_0+\Delta L)-f(L_0)}{\Delta L}$$

であり，「差分係数（yの平均変化率）」と呼ばれています。

⇩

差分係数は L_0 と ΔL の関数です。

(2) 微分係数

関数 $y=f(L)$ において，次の極限値が存在するとき，それは $L=L_0$ における $f(L)$ の「微分係数」と呼ばれ，$f'(L_0)$ で表されます。

$$f'(L_0) \equiv \lim_{\Delta L \to 0}\frac{\Delta y}{\Delta L}$$
$$= \lim_{\Delta L \to 0}\frac{f(L_0+\Delta L)-f(L_0)}{\Delta L}$$

⇩

ここで，記号 $\lim_{\Delta L \to 0}\cdots$ は ΔL が0でない値をとりながら，0に限りなく近づくときの…の極限を示しています。

(3) 導関数

$$\frac{dy}{dL} \equiv f'(L) \equiv \lim_{\Delta L \to 0}\frac{\Delta y}{\Delta L}$$
$$= \lim_{\Delta L \to 0}\frac{f(L_0+\Delta L)-f(L_0)}{\Delta L}$$

⇩

$f'(L)$ を求めることは「$f(L)$ をLについて微分する。」と言われています。導関数は関数であり，Lのそれぞれの値に対応して1つの値をもっています。

【知っておきましょう】

記号dはギリシャ文字Δと対応するものです。$\frac{dy}{dL}$ は ΔL がゼロに近づくときの $\frac{\Delta y}{\Delta L}$ の極限です。

第6章 微 分　89

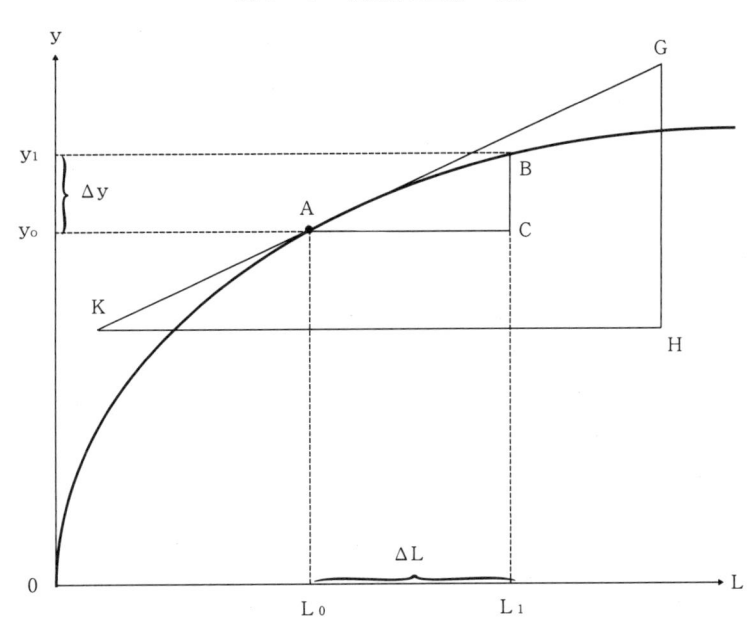

図6-1　導関数と曲線の勾配

```
    y
    │                              G
    │                           ╱ ╱│
    │                        ╱   ╱ │
 y₁ ┤- - - - - - - - - - B╱     │
    │  △y                ╱│      │
    │  ⌡            A ╱   │C     │
 y₀ ┤- - - - - - ⋅─────────┤      │
    │         ╱ ╱          │      │
    │      K╱              │      │
    │   ╱                  │      │
    │╱                     │      H
    │                      │
   0└──────────┬───────────┬──────────→ L
              L₀    △L    L₁
```

────【より高度な学習のために】　左側極限と右側極限────

　導関数 $\dfrac{dy}{dL}$ は差分係数 $\dfrac{\Delta y}{\Delta L}$ の極限でありました。それはΔLが0に近づくときの極限であったが，数学の問題としては，より一般的に，LがN（任意の有限の実数）に近づくときの極限を考えることができます。

　　　⇩ （左側極限と右側極限）

① 　極限は左側からL→Nのときは「左側極限」

② 　極限は右側からL→Nのときは「右側極限」

とそれぞれ呼ばれています。左側極限と右側極限は等しい場合もあれば等しくない場合もあります。

　　　⇩ （極限の存在）

　左側極限と右側極限の2つの極限が同じ有限値をもつ場合，かつその場合においてのみ，極限が存在するとみなされます（図6-2参照）。

図6−2−a　　　　　　　図6−2−b

図6−2−c　　　　　　　図6−2−d

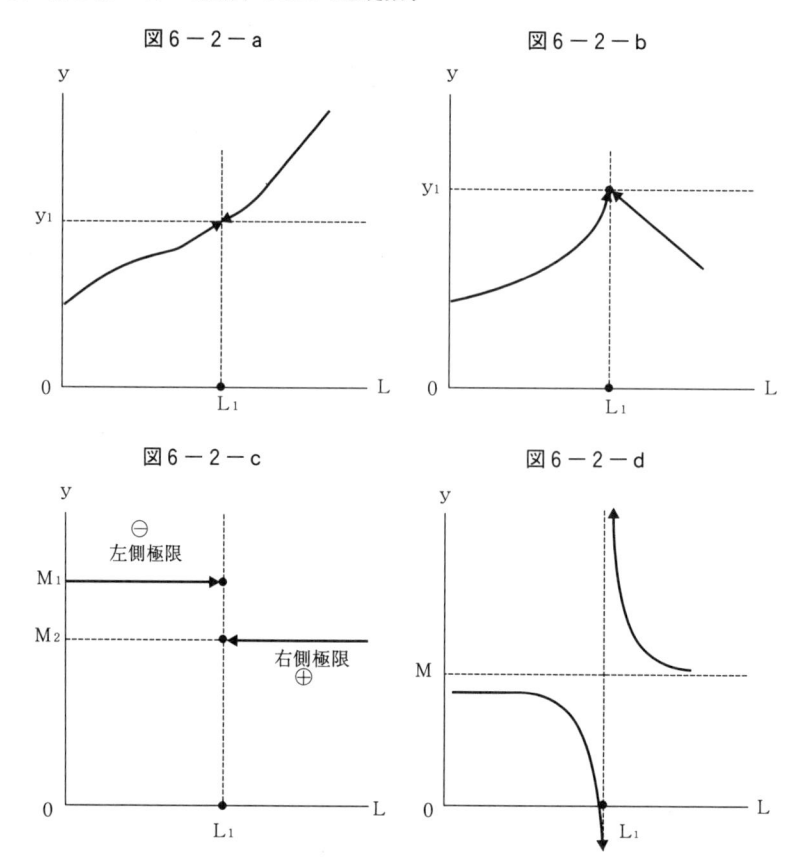

【知っておきましょう】　記号∞（無限大）

$\lim_{\Delta L \to 0} \dfrac{\Delta y}{\Delta L} = \infty$（または$-\infty$）の場合は，極限をもたないものとみなされます。しかし，「無限の極限」をもつと言われることもあります。

記号∞（無限大）は数ではありません。したがって，正しくは，「‥→∞」とは書けても，「‥=∞」と書くことはできません。

3　導関数と曲線の勾配

(1) 労働の限界生産力

労働の限界生産力（MP_L）は労働投入量（L）を微小単位増加させたとき

の生産量（y）の増加分と定義されています。すなわち，

$$MP_L \equiv \frac{dy}{dL} = MP_L(L) > 0 \ (y = f(L)の導関数)$$

⇩

生産関数（原始関数）y＝f(L)を図示したものは「生産力曲線」と呼ばれています。導関数を図示したものが「生産力曲線の勾配」です。

⇩

勾配KG$(=\frac{HG}{KH})$は生産力曲線のA点での勾配です。

---【知っておきましょう】 労働の限界生産力と労働の平均生産力---

① 労働の限界生産力
$$MP_L = \frac{dy}{dL}$$
② 労働の平均生産力
$$AP_L = \frac{y}{L}$$

---【知っておきましょう】 接線の方程式---

y＝f(L)上の点（L_0, f(L_0)）における接線の方程式は，

$$y - f(L_0) = f'(L_0)(L - L_0)$$

です。

(2) 労働の限界生産力逓減の法則

$$\frac{d^2y}{dL^2} < 0$$

$\frac{d^2y}{dL^2} = (\frac{d}{dL})\frac{dy}{dL}$であり，$\frac{d^2y}{dL^2} < 0$は限界生産力$(\frac{dy}{dL})$がLの減少関数であることを意味しています。

---【知っておきましょう】 2次および高次の導関数---

$\frac{d^2y}{dL^2} = (\frac{d}{dL})\frac{dy}{dL}$は導関数の導関数です。これは2次の導関数と呼ばれています。「2次および高次の導関数」については，第8章第Ⅳ節を参照して下さい（☞p.119）。

II 関数の連続性と微分可能性

1 関数の連続性

関数 $y = f(L)$ の $L = L_1$ における「連続性」は次の3つの条件を満たす必要があります。

① 点 L_1 は関数の定義域に存在しなければなりません。
② 関数は $L \to L_1$ のとき極限をもたなければなりません。
③ 極限値は $f(L_1)$ の値と等しくなければなりません。
　　⇩

図6-2の(a),(b)の関数は $L = L_1$ において連続です。図(b)では関数は「なめらか」ではなく屈折していますが,連続です。

――【より高度な学習のために】 中間値の定理――
　関数 $y = f(L)$ が閉区間 $[a, b]$ で連続であって,$f(a) \neq f(b)$ ならば,$f(a)$ と $f(b)$ の間の任意の値 α に対して,$f(c) = \alpha$,$a < \alpha < b$ を満たす c が少なくとも1つ存在します。

――【より高度な学習のために】 最大・最小の定理(ワイヤストラスの定理)――
　関数 $f(L)$ が閉区間 $[a, b]$ で連続ならば,$f(L)$ はこの区間で必ず最大値と最小値をとります。

2 関数の微分可能性

図6-2のaの関数は $L = L_1$ において微分可能ですが,bの関数は $L = L_1$ において微分不可能です。

　　　⇩ (aはなめらかですが,bはなめらかではありません)

微分可能性のためには,関数(曲線)の連続性の他に「なめらかさ」も必要とします。

第6章 微　分　93

―【知っておきましょう】「総」関数と「限界」関数―

　原始関数 y = f (L) が総関数を表しているのに対し，導関数 $\dfrac{dy}{dL}$ は限界関数を表しています。

　　　⇩

　図（c）に見られるように，総関数が「なめらかでない」場合は，限界関数は不連続になります。ですから，原始関数（総関数）が「なめらかである」という代わりに，導関数（限界関数）が連続であると言うこともできます（図6－3参照）。

図6－3－a

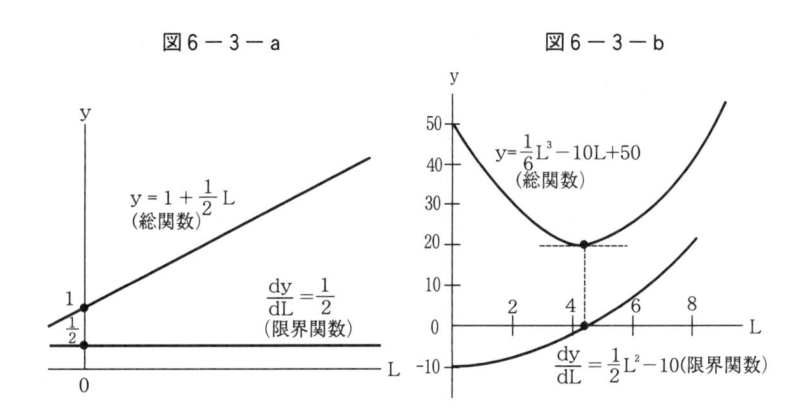

$y = 1 + \dfrac{1}{2}L$（総関数）

$\dfrac{dy}{dL} = \dfrac{1}{2}$（限界関数）

図6－3－b

$y = \dfrac{1}{6}L^3 - 10L + 50$（総関数）

$\dfrac{dy}{dL} = \dfrac{1}{2}L^2 - 10$（限界関数）

図6－3－c

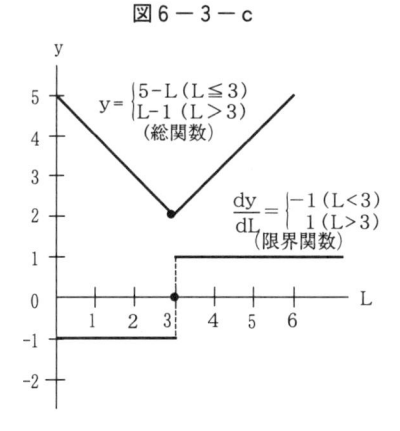

$y = \begin{cases} 5-L & (L \leq 3) \\ L-1 & (L > 3) \end{cases}$（総関数）

$\dfrac{dy}{dL} = \begin{cases} -1 & (L < 3) \\ 1 & (L > 3) \end{cases}$（限界関数）

---【知っておきましょう】 平均値の定理 ---

関数 $y=f(L)$ が閉区間 $[a, b]$ で連続，開区間 (a, b) で微分可能ならば，$\dfrac{f(b)-f(a)}{b-a}=f'(c) (a<c<b)$ を満たす c が少なくとも1つ存在します。

---【知っておきましょう】 ロルの定理 ---

関数 $y=f(L)$ が閉区間 $[a, b]$ で連続，開区間 (a, b) で微分可能で，かつ $f(a)=f(b)$ ならば，$f'(c)=0 (a<c<b)$ を満たす c が少なくとも1つ存在します。

Ⅲ　1変数の関数についての微分法

原始関数 $y=f(x)$ の導関数を，ここでは $\dfrac{dy}{dx}$ ではなく，$f'(x)$ で表示することにします。

	原始関数	導関数
(1)	$y=f(x)=k$	$f'(x)=0$
	$y=f(x)=5$	$f'(x)=0$
(2)	$y=x^n$	$f'(x)=nx^{n-1}$
	$y=x$	$f'(x)=1x^{1-1}=x^0=1$
	$y=x^3$	$f'(x)=3x^{3-1}=3x^2$
	$y=x^0$	$f'(x)=0x^{0-1}=0$
	$y=\dfrac{1}{x^3}=x^{-3}$	$f'(x)=-3x^{-3-1}=-3x^{-4}=-\dfrac{3}{x^4}$
	$y=\sqrt{x}=x^{\frac{1}{2}}$	$f'(x)=\dfrac{1}{2}x^{\frac{1}{2}-1}=\dfrac{1}{2}x^{-\frac{1}{2}}$
		$=\dfrac{1}{2}\cdot\dfrac{1}{\sqrt{x}}$
(3)	$y=cx^n$	$f'(x)=cnx^{n-1}$
	$y=4x^3$	$f'(x)=4\cdot 3x^{3-1}=12x^2$

―【知っておきましょう】 原始関数 $y = f(x)$ の導関数の表示方法――
$$\frac{dy}{dx} = \{\frac{d}{dx}\} y = \{\frac{d}{dx}\} f(x) = f'(x) = y'$$

Ⅳ 同じ変数が複数の関数に見られる場合の微分法

原始関数 $y = \cdots$ の導関数を，ここでは y' で表示することにします。

	原始関数	導関数
(1)	$y = f(x) \pm g(x)$	$y' = f'(x) \pm g'(x)$
	$y = 5x^3 + 9x^2$	$y' = 15x^2 + 18x$
(2)	$y = f(x) \cdot g(x)$	$y' = f'(x) \cdot g(x) + f(x) \cdot g'(x)$
	$y = (2x+3) \cdot 3x^2$	$y' = 2 \cdot 3x^2 + (2x+3) \cdot 6x$
		$= 6x^2 + 12x^2 + 18x$
		$= 18x^2 + 18x$
(3)	$y = \dfrac{f(x)}{g(x)}$	$y' = \dfrac{f'(x) \cdot g(x) - f(x) \cdot g'(x)}{g^2}$
	$y = \dfrac{2x-3}{x+1}$	$y' = \dfrac{2(x+1) - (2x-3)1}{(x+1)^2}$
		$= \dfrac{5}{(x+1)^2}$
(4)	$y = \dfrac{1}{g(x)}$	$y' = -\dfrac{g'(x)}{g^2}$
	$y = \dfrac{1}{x+1}$	$y' = -\dfrac{1}{(x+1)^2}$

―【練習問題】――
　限界費用関数と平均費用関数の関係の問題は $y = \dfrac{f(x)}{g(x)}$ の微分の応用問題です。総費用関数を $C = C(y) = y^3 - 12y^2 + 60y$ とします。
　① 限界費用（MC），平均費用（AC）を求めましょう。
　② $AC = \dfrac{C(y)}{y}$ を微分し，限界費用と平均費用の関係を説明しましょう。

答　① ＭＣ＝3y²−24y＋60
　　　　ＡＣ＝y²−12y＋60
　　② $\dfrac{dAC}{dy}=\dfrac{1}{y}(MC-AC)$

図6−4　限界費用と平均費用

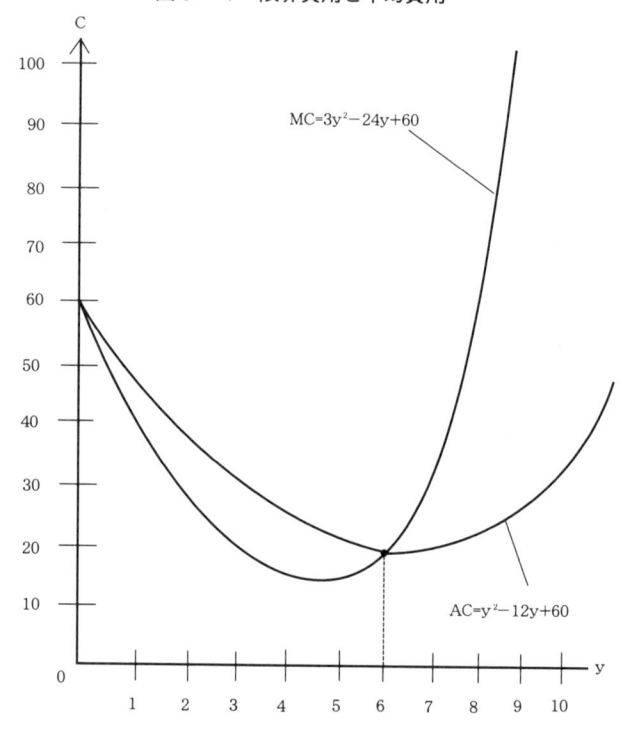

（グラフ：MC=3y²−24y+60 および AC=y²−12y+60 の曲線）

V　異なった変数の関数についての微分法（鎖法則）

2つの原始関数 $z=f(y)$, $y=g(x)$ から，導関数 $\dfrac{dz}{dx}$ を求めます。

$$\dfrac{dz}{dx}=\dfrac{dz}{dy}\cdot\dfrac{dy}{dx}$$

---【知っておきましょう】 合成関数---

$z = f(y)$, $y = g(x)$ を $z = f[g(x)]$ と表すことができます。2つの関数記号 f, g を用いた関数は「合成関数（関数の関数）」と呼ばれています。

---【練習問題1】---

2つの原始関数 $z = 3y^2$, $y = 2x + 5$ から，導関数 $\dfrac{dz}{dx}$ を求めましょう。

答 $\dfrac{dz}{dx} = \dfrac{dz}{dy} \cdot \dfrac{dy}{dx} = 6y \cdot 2$
　　　$= 6(2x + 5) \cdot 2 = 12(2x + 5)$

---【練習問題2】---

$z = (x^2 + 3x - 2)^{17}$ の導関数を求めましょう。

答　まず $y = x^2 + 3x - 2$ とおきますと，$z = y^{17}$ と考えることができます。

$\dfrac{dz}{dx} = \dfrac{dz}{dy} \cdot \dfrac{dy}{dx} = 17y^{16}(2x + 3)$
　　　$= 17(x^2 + 3x - 2)^{16}(2x + 3)$

Ⅵ　逆 関 数 法

1　逆 関 数

$y = f(x)$ の「逆関数」は $x = f^{-1}(y)$ です。$x = f^{-1}(y)$ は「x は y の逆関数である。」と読まれます。f^{-1} は $\dfrac{1}{f}$ ではありません（☞p.67）。

$y = f(x)$ と $x = f^{-1}(y)$ のちがいを理解しましょう。

① 関数記号 f は写像 $x \to y$ を意味しています。

② 逆関数記号 f^{-1} は写像 $y \to x$ を意味しています。

2 逆関数法

逆関数の導関数はもとの関数の導関数の逆数です。すなわち，

$$\frac{dx}{dy} = \frac{1}{\frac{dy}{dx}}$$

【練習問題】

$y = x^5 + x$ の導関数 $\dfrac{dx}{dy}$ を求めましょう。

答 $\dfrac{dx}{dy} = \dfrac{1}{\frac{dy}{dx}} = \dfrac{1}{5x^4 + 1}$

Ⅶ 指数関数と自然指数関数の微分の公式

1 指数関数の微分

(1) $y = b^x$ の微分

$$\left(\frac{d}{dx}\right) b^x = b^x \ln b \quad (b > 0,\ b \neq 1)$$

【知っておきましょう】 $y = b^x$ の微分

$\left(\dfrac{d}{dx}\right) b^x \neq x \cdot b^{x-1}$ に注意しましょう。$b \equiv e^{\ln b}$ を用いると，

$\quad y = (e^{\ln b})^x = e^{x \ln b}$ であり，

$\quad \left(\dfrac{d}{dx}\right) b^x = \left(\dfrac{d}{dx}\right)(e^{x \ln b}) = \ln b\,(e^{x \ln b})$

$\qquad\qquad\qquad = \ln b\,(b^x) = b^x \ln b$

---

(2) $y = b^{f(x)}$ の微分

$$\left(\frac{d}{dx}\right) b^{f(x)} = f'(x)\, b^{f(x)} \ln b$$

2 自然指数関数の微分

(1) $y = e^x$ の微分

$$\left(\frac{d}{dx}\right) e^x = e^x$$

(2) $y = ae^{cx}$ の微分

$$\left(\frac{d}{dx}\right) ae^{cx} = ace^{cx}$$

(3) $y = e^{f(x)}$ の微分

$$\left(\frac{d}{dx}\right) e^{f(x)} = f'(x) e^{f(x)}$$

【知っておきましょう】 $y = e^{f(x)}$ の微分

微分の鎖法則（p.96）を用いるために，$u = f(x)$ とおきます。

$$\frac{dy}{dx} = \frac{dy}{du} \cdot \frac{du}{dx} = e^u f'(x) = e^{f(x)} f'(x)$$

VIII 対数関数の微分の公式

(1) $y = \log_e t = \ln t$ の微分

$$\frac{dy}{dt} = \frac{d(\ln t)}{dt} = \frac{1}{t}$$

(2) $y = \log_e f(t) = \ln f(t)$ の微分

$$\frac{dy}{dt} = \left\{\frac{1}{f(t)}\right\} f'(t)$$

【知っておきましょう】 $y = \log_e f(t) = \ln f(t)$ の微分

微分の鎖法則（p.96）を用いるために，$v = f(t)$ とおきます。

$$\frac{dy}{dt} = \frac{dy}{dv} \cdot \frac{dv}{dt} = \left(\frac{1}{v}\right) f'(t)$$
$$= \left\{\frac{1}{f(t)}\right\} f'(t)$$

---

(3) $y = \log_b t$ の微分

$$\frac{dy}{dt} = \frac{1}{(t \ln b)} \quad (b > 0, \ b \neq 1)$$

【知っておきましょう】 $y = \log_b t$ の微分

$y = \log_b t = (\log_b e)(\log_e t) = \left(\frac{1}{\log_e b}\right)(\log_e t)$

$= \left(\frac{1}{\ln b}\right)(\ln t)$ を用いれば，

$$\frac{dy}{dt} = \left(\frac{1}{\ln b}\right)\left(\frac{1}{t}\right) = \frac{1}{(t \ln b)}$$

---

(4) $y = \log_b f(t)$ の微分

$$\frac{dy}{dt} = \left|\frac{f'(t)}{f(t)}\right| \left|\frac{1}{(\ln b)}\right|$$

【知っておきましょう】 対数微分法

$y = f(t)$ のとき，$\log|y| = \log|f(t)|$ として，両辺を微分して，$\dfrac{dy}{dt}$ を求める方法は「対数微分法」と呼ばれています。

IX 成長率

1 ストックとフロー：時間の概念

(1) ストック

ストックは「時点」で測られます。ストック（人口，資本，富など）はある与えられた瞬間においてどれだけの大きさが存在するかについてのものです。

(2) フロー

フローは「時間」で測られます。フローはある与えられた期間においてストックの変化がどれだけ生じたかについてのものです。

2 瞬間的な成長率

「$V \equiv \lim_{m \to \infty} V(m) = A e^{rt}$」を第 t 時点におけるストックの大きさと解釈します。

⇩（r を名目利子率ではなく，「瞬間的な成長率」と解釈します）

$$V の瞬間的な成長率 = \frac{\frac{dV}{dt}}{V} = \frac{rAe^{rt}}{V} = \frac{rV}{V} = r$$

3 成長率の求め方

変数 y が時間 t の関数であるとき，すなわち $y = f(t)$ のとき，瞬間的な

第6章 微　　分　101

成長率は，

$$\frac{\frac{dy}{dt}}{y} = \frac{f'(t)}{f(t)}$$

と定義されます。

⇩

微分の公式より，$\dfrac{d\{\ln f(t)\}}{dt} = \dfrac{f'(t)}{f(t)}$ ですので (p.99)，$\dfrac{\frac{dy}{dt}}{y} = \dfrac{d\{\ln f(t)\}}{dt} = \dfrac{d(\ln y)}{dt}$ と再定義されます。したがって，変数 y の瞬間的な成長率を求めるためには，y＝f(t) の自然対数をとって，時間 t で微分すればよいことがわかります。

【練習問題】

V＝Ae^rt の瞬間的な成長率を求めましょう (☞p.98)。

答　V＝V(t)＝Ae^rt の自然対数をとります。

　　ln V＝ln A＋rt ln e＝ln A＋rt

　　これを時間 t で微分すれば，$\dfrac{d(\ln V)}{dt} = r$

4　関数を組み合わせたときの成長率

(1)　y＝m(t)n(t) の成長率

y＝m(t)n(t) の自然対数をとって時間 t で微分すれば，

$$\ln y = \ln m + \ln n$$

$$\frac{d(\ln y)}{dt} = \frac{d(\ln m)}{dt} + \frac{d(\ln n)}{dt}$$

$$\frac{\frac{dy}{dt}}{y} = \frac{\frac{dm}{dt}}{m} + \frac{\frac{dn}{dt}}{n}$$

⇩ (水準の積 y＝m・n は成長率の和になります)

(y の成長率)＝(m の成長率)＋(n の成長率)

(2)　$y = \dfrac{m(t)}{n(t)}$ の成長率

$y = \dfrac{m(t)}{n(t)}$ の自然対数をとって時間 t で微分すれば，

$\ln y = \ln m - \ln n$

$\dfrac{d(\ln y)}{dt} = \dfrac{d(\ln m)}{dt} - \dfrac{d(\ln n)}{dt}$

$\dfrac{\frac{dy}{dt}}{y} = \dfrac{\frac{dm}{dt}}{m} - \dfrac{\frac{dn}{dt}}{n}$

⇩ （水準の商 $y = \dfrac{m}{n}$ は成長率の差になります）

（yの成長率）＝（mの成長率）－（nの成長率）

(3) $y = m(t) + n(t)$ の成長率

$y = m(t) + n(t)$ の自然対数をとって時間 t で微分すれば，

$\ln y = \ln(m+n)$

$\dfrac{d(\ln y)}{dt} = \dfrac{d\{\ln(m+n)\}}{dt}$

$\quad = \dfrac{1}{m+n} \left\{ \dfrac{d(m+n)}{dt} \right\}$

$\quad = \dfrac{1}{m+n} \{m'(t) + n'(t)\}$

$\dfrac{\frac{dy}{dt}}{y} = \left(\dfrac{m}{m+n}\right) \dfrac{\frac{dm}{dt}}{m} + \left(\dfrac{n}{m+n}\right) \dfrac{\frac{dn}{dt}}{n}$

⇩ （水準の和 $y = m+n$ は成長率の加重平均になります）

（yの成長率）＝$\left(\dfrac{m}{m+n}\right)$（mの成長率）＋$\left(\dfrac{n}{m+n}\right)$（nの成長率）

(4) $y = m(t) - n(t)$ の成長率

$y = m(t) - n(t)$ の自然対数をとって時間 t で微分すれば，同様にして，

$\dfrac{\frac{dy}{dt}}{y} = \left(\dfrac{m}{m-n}\right) \dfrac{\frac{dm}{dt}}{m} + \left(\dfrac{n}{m-n}\right) \dfrac{\frac{dn}{dt}}{n}$

⇩

（yの成長率）＝$\left(\dfrac{m}{m-n}\right)$（mの成長率）－$\left(\dfrac{n}{m-n}\right)$（nの成長率）

X 弾　力　性

1　yのxに関する弾力性

関数 $y = f(x)$ について、「yのxに関する点弾力性」は、

$$\varepsilon_{yx} \equiv \frac{\frac{dy}{y}}{\frac{dx}{x}} \equiv \frac{dy}{dx} \cdot \frac{x}{y}$$

$$= \frac{d(\ln y)}{d(\ln x)}$$

⇩

弾力性は因果関係を示すものです。すなわち、yのxに関する弾力性 $\frac{\frac{dy}{y}}{\frac{dx}{x}}$ はxを原因、yを結果とみなし、xが1％変化したときに、yが何％変化するのかを示しています。

【知っておきましょう】 $\frac{d(\ln y)}{d(\ln x)}$

$\frac{d(\ln y)}{dy} = \frac{1}{y}$ ですので、$d(\ln y) = \frac{dy}{y}$

$\frac{d(\ln x)}{dx} = \frac{1}{x}$ ですので、$d(\ln x) = \frac{dx}{x}$

⇩

$\frac{d(\ln y)}{d(\ln x)} = \frac{\frac{dy}{y}}{\frac{dx}{x}}$　（弾力性の定義）

2　需要の価格弾力性

需要の価格弾力性は、

$$\varepsilon_D \equiv -\frac{\frac{dD}{D}}{\frac{dP}{P}} \equiv -\frac{dD}{dP} \cdot \frac{P}{D}$$

$$= -\frac{d(\ln D)}{d(\ln P)}$$

と定義されます。

⇩

$D = D(P) = \dfrac{k}{P}$ が与えられたときの需要の価格弾力性は，$D = D(P) = \dfrac{k}{P}$ の自然対数をとると，

$$\ln D = \ln k - \ln P$$

ですので，

$$\varepsilon_D = -\frac{d(\ln D)}{d(\ln P)} = -1$$

が得られます。

第7章 偏微分と全微分

I 偏　微　分

1　効用関数と効用曲面

(1) 効　用　関　数

　　　$U = U(x_1, x_2)$（第1，2財からの効用）

　ここで，

　　　U＝効用

　　　x_1＝第1財の消費量

　　　x_2＝第2財の消費量

　　　⇩

　第6章「微分」では，独立変数が1つの生産関数 $y = f(L)$ を取り上げました。本章では，独立変数が2つの効用関数 $U = U(x_1, x_2)$ を取り上げます。

(2) 効　用　曲　面

　効用関数 $U = U(x_1, x_2)$ の3次元空間における図示は「効用曲面」と呼ばれています。

図7-1 効用曲面

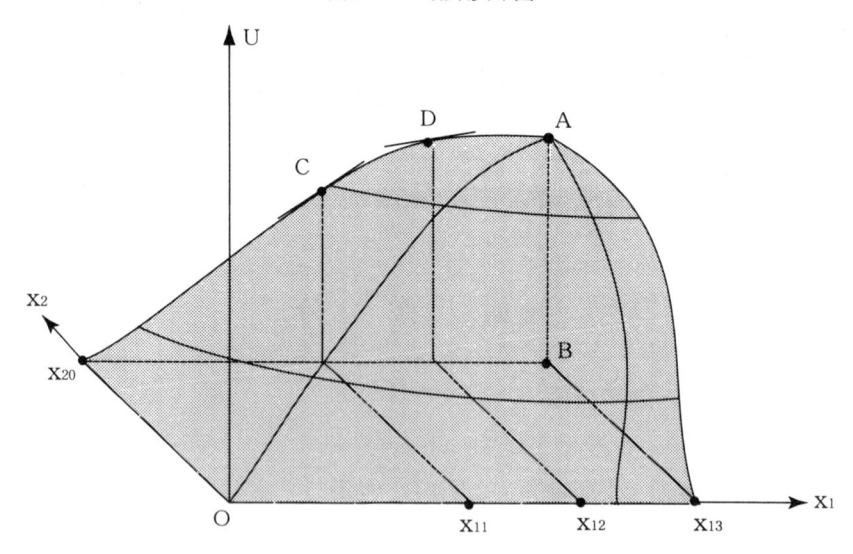

2 偏微分

偏導関数を求めることは「偏微分」と呼ばれています。

(1) 偏導関数

効用関数$U=U(x_1, x_2)$の変数x_1, x_2は互いに独立であり，それぞれは他とは無関係にそれ自身で変化することができます。

① x_2が固定的である場合に，変数x_1のみがΔx_1だけ変化するならば，これに対応してUはΔUだけ変化します。

⇩

このときの差分係数（Uの平均変化率）は，

$$\frac{\Delta U}{\Delta x_1} = \frac{U(x_1+\Delta x_1, x_2) - U(x_1, x_2)}{\Delta x_1}$$

⇩

$\Delta x_1 \to 0$のときの$\dfrac{\Delta U}{\Delta x_1}$の極限をとると，偏導関数を得ることができます。

$$MU_1 \equiv U_1 \equiv \frac{\partial U}{\partial x_1}$$
$$\equiv \lim_{\Delta x_1 \to 0} \frac{\Delta U}{\Delta x_1}$$
$$\equiv \lim_{\Delta x_1 \to 0} \frac{U(x_1 + \Delta x_1, x_2) - U(x_1, x_2)}{\Delta x_1}$$

⇩

　$\dfrac{\partial U}{\partial x_1}$ は「x_1に関するUの偏導関数」を意味し，記号 ∂ は「ラウンドデルタ」（ギリシャ文字の δ の変形）と読まれます。

　∂x_1 の記号 ∂ は x_1 についての偏導関数を求める場合には，他のすべての独立変数は一定であることを意味するものです。すなわち，効用関数 $U=U(x_1, x_2)$ について，「x_1に関するUの偏導関数」を求めるときには，x_2を定数とみなしています。

　　　⇩

　原始関数 $U=U(x_1, x_2)$ と同じように，偏導関数 U_1 は x_1，x_2の関数です。すなわち，$U_1 = U_1(x_1, x_2)$ です。

② x_1が固定的である場合に，変数x_2のみがΔx_2だけ変化するならば，これに対応してUはΔUだけ変化します。

$$MU_2 \equiv U_2 \equiv \frac{\partial U}{\partial x_2}$$
$$\equiv \lim_{\Delta x_2 \to 0} \frac{\Delta U}{\Delta x_2}$$
$$\equiv \lim_{\Delta x_2 \to 0} \frac{U(x_1, x_2 + \Delta x_2) - U(x_1, x_2)}{\Delta x_2}$$

⇩

　効用関数 $U=U(x_1, x_2)$ について，「x_2に関するUの偏導関数」を求めるときには，x_1を定数とみなしています。

　　　⇩

　原始関数 $U=U(x_1, x_2)$ と同じように，偏導関数 U_2 は x_1，x_2の関数です。すなわち，$U_2 = U_2(x_1, x_2)$ です。

---【練習問題】---

$U = U(x_1, x_2) = 3x_1^2 + x_1 x_2 + 4x_2^2$ の「x_1に関するUの偏導関数」と「x_2に関するUの偏導関数」を求めましょう。

答　$MU_1 \equiv U_1 \equiv \dfrac{\partial U}{\partial x_1} = 6x_1 + x_2$

　　$MU_2 \equiv U_2 \equiv \dfrac{\partial U}{\partial x_2} = x_1 + 8x_2$

(2) 限界効用

効用関数$U = U(x_1, x_2)$のx_iに関するUの偏導関数は「第i財の限界効用 (Marginal Utility)」と呼ばれています。

$$MU_i \equiv U_i \equiv \frac{\partial U}{\partial x_i} \qquad (第i財の限界効用)$$

⇩（限界効用の性質）

① $U_i \equiv \dfrac{\partial U}{\partial x_i} > 0$ 　　（正の限界効用：非飽和性）

② $U_{ii} \equiv \dfrac{\partial^2 U}{\partial x_i^2} < 0$ 　　（限界効用逓減の法則）

【☞ 2次導関数　p.91】

II　偏微分と関数的従属のヤコビアン判定法

1　偏微分とヤコビ行列式 (ヤコビアン)

次のn個の変数をもつn個の微分可能な関数を考えます。

$y_1 = f^1(x_1, x_2, \cdots, x_n)$

$y_2 = f^2(x_1, x_2, \cdots, x_n)$

$\cdots\cdots\cdots\cdots\cdots\cdots\cdots\cdots$

$y_n = f^n(x_1, x_2, \cdots, x_n)$

⇩（記号f^nはn番目の関数を表しています）

次のものが「ヤコビアン」$|J|$と呼ばれています。

$$|J| \equiv \left| \frac{\partial(y_1, y_2, \cdots, y_n)}{\partial(x_1, x_2, \cdots, x_n)} \right|$$

$$\equiv \begin{vmatrix} \dfrac{\partial y_1}{\partial x_1}, & \dfrac{\partial y_1}{\partial x_2}, & \cdots, & \dfrac{\partial y_1}{\partial x_n} \\ \cdots\cdots\cdots\cdots\cdots\cdots\cdots\cdots\cdots\cdots\cdots \\ \dfrac{\partial y_n}{\partial x_1}, & \dfrac{\partial y_n}{\partial x_2}, & \cdots, & \dfrac{\partial y_n}{\partial x_n} \end{vmatrix}$$

──【関連する数学知識】 行 列 式──

ヤコビアン｜J｜は行列式です。「行列式」については，第13章を参照して下さい（☞行列式 p.176）。

──【練 習 問 題】──

次の2個の変数をもつ2個の微分可能な関数の「ヤコビアン」｜J｜を求めましょう。

$$y_1 = f^1(x_1, x_2) = 2x_1 + 3x_2$$
$$y_2 = f^2(x_1, x_2) = 4x_1^2 + 12x_1 x_2 + 9x_2^2$$

答

$$|J| \equiv \begin{vmatrix} \dfrac{\partial y_1}{\partial x_1}, & \dfrac{\partial y_1}{\partial x_2} \\ \dfrac{\partial y_2}{\partial x_1}, & \dfrac{\partial y_2}{\partial x_2} \end{vmatrix}$$

$$= \begin{vmatrix} 2 & 3 \\ 8x_1 + 12x_2 & 12x_1 + 18x_2 \end{vmatrix}$$

$$= 0$$

2　関数的従属のヤコビアン判定法

n個の関数が関数的従属であるか否かをヤコビアンによって調べることができます。

⇩

n個の関数 $f^1, f^2, \cdots, f^n$ が(線型であれ非線型であれ)「関数的従属」であるとき，かつそのときにおいてのみ，ヤコビアン｜J｜は $x_1, x_2, \cdots, x_n$ のすべての値に対して恒等的にゼロです。

III 全微分

1 全微分

$U = U(x_1, x_2, \cdots, x_n)$の「全微分」は次のように定義されます。

$$dU = \left(\frac{\partial U}{\partial x_1}\right)dx_1 + \left(\frac{\partial U}{\partial x_2}\right)dx_2 + \cdots + \left(\frac{\partial U}{\partial x_n}\right)dx_n$$

または

$$dU = U_1 dx_1 + U_2 dx_2 + \cdots + U_n dx_n$$

⇩

全微分は独立変数x_1, x_2, $\cdots$, x_nのすべてが微小に変化したことによるUの変化量を表しています。すなわち，各項（$U_1 dx_1$, $U_2 dx_2$, $\cdots$）の和はそれぞれの独立変数の微小な変化による効用Uの全体としての変化を示しています。

【練習問題】

$U = U(x_1, x_2) = 5x_1^2 + 3x_2$の全微分を求めましょう。

答　$\dfrac{\partial U}{\partial x_1} = 10x_1$, $\dfrac{\partial U}{\partial x_2} = 3$ですので，

　　　$dU = 10x_1 dx_1 + 3 dx_2$

---

2 全微分の4つの法則

2つの関数$U = U(x_1, x_2)$, $V = V(x_1, x_2)$を考えます。

① $d(cU^n) = cnU^{n-1} dU$

② $d(U \pm V) = dU \pm dV$

③ $d(UV) = V dU + U dV$

④ $d\left(\dfrac{U}{V}\right) = \dfrac{V dU - U dV}{V^2}$

---【練習問題】---
$U=U(x_1, x_2)=5x_1^2+3x_2$ の全微分を求めましょう。

答　$V=5x_1^2$, $W=3x_2$ とおくと，
$$dU=dV+dW \quad (法則②)$$
$$=10x_1 dx_1+3dx_2 \quad (法則①)$$

3　限界代替率と全微分

(1) 全微分の経済学的意味

$U=U(x_1, x_2)$ の「全微分」は，

$$\underline{\begin{array}{l}(\dfrac{\partial U}{\partial x_1})dx_1 \quad (x_1の微小な変化によるUの変化) \\ +(\dfrac{\partial U}{\partial x_2})dx_2 \quad (x_2の微小な変化によるUの変化)\end{array}}$$
$$dU \text{ (効用関数の全微分：Uの全体としての変化)}$$

と解釈されます。ここで，

$(\dfrac{\partial U}{\partial x_1})dx_1$ ＝第1財の限界効用と第1財の消費の増分との積

$(\dfrac{\partial U}{\partial x_2})dx_2$ ＝第2財の限界効用と第2財の消費の増分との積

(2) 限界代替率（Marginal Rate of Substitution）

$U_0=U(x_1, x_2)$ 　（無差別曲線）

⇩ （全微分）

$$dU_0=\dfrac{\partial U}{\partial x_1}\cdot dx_1+\dfrac{\partial U}{\partial x_2}\cdot dx_2=0$$

⇩ （第2財の第1財に対する限界代替率をMRS_{12}とします）

$$MRS_{12}\equiv -\dfrac{dx_2}{dx_1}=\dfrac{\dfrac{\partial U}{\partial x_1}}{\dfrac{\partial U}{\partial x_2}}$$
$$=\dfrac{MU_1}{MU_2}$$

⇩

限界代替率MRS_{12}は第1財の消費量を追加的に微小単位増加させたときの

効用の増加分を元にもどすために必要な第2財の消費量の減少分を示しています。

Ⅳ　チャンネル図と全導関数

1　チャンネル図：直接効果と間接効果

2つの関数 $U=f(x_1, x_2)$，$x_1=g(x_2)$ を考えます。これらの関数から，変数 x_2 のUへの直接効果（$x_2-f \to U$）と間接効果（$x_2-g \to x_1-f \to U$）を求めることができます。

⇩

これらの直接効果と間接効果を図示したものは「チャンネル図」と呼ばれています。

図7－2　チャンネル図：直接効果と間接効果

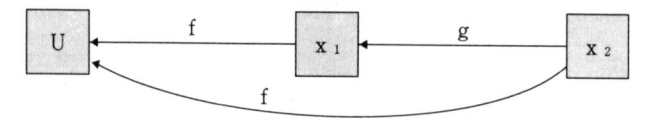

2　全導関数

「$U=f(x_1, x_2)$　ただし，$x_1=g(x_2)$」の全導関数 $\dfrac{dU}{dx_2}$ は次のようにして求められます。

$$dU = \frac{\partial U}{\partial x_1} \cdot dx_1 + \frac{\partial U}{\partial x_2} \cdot dx_2$$

⇩（両辺を dx_2 で割ります）

$$\frac{dU}{dx_2} = \frac{\partial U}{\partial x_1} \cdot \frac{dx_1}{dx_2} + \frac{\partial U}{\partial x_2} \cdot \frac{dx_2}{dx_2}$$

$$= \frac{\partial U}{\partial x_1} \cdot \frac{dx_1}{dx_2} + \frac{\partial U}{\partial x_2}$$

ここで，

$$\frac{\partial U}{\partial x_1} \cdot \frac{dx_1}{dx_2} = 「x_2 \to x_1 \to U」の間接効果$$

$$\frac{\partial U}{\partial x_2} = 「x_2 \to U」の直接効果$$
⇩

全導関数 $\frac{dU}{dx_2}$ を求めるプロセスは「x_2 に関する U の全微分」と呼ばれています。

【練習問題】

$U = f(x_1, x_2) = 3x_1 - x_2^2$　ただし，$x_1 = g(x_2) = 2x_2^2 + x_2 + 4$ の全導関数 $\frac{dU}{dx_2}$ を求めましょう。

答　$\frac{dU}{dx_2} = \frac{\partial U}{\partial x_1} \cdot \frac{dx_1}{dx_2} + \frac{\partial U}{\partial x_2}$

　　　　$= 3(4x_2 + 1) + (-2x_2) = 10x_2 + 3$

V　陰関数の導関数

1　陽関数と陰関数

(1) **陽関数**

$$y = f(x) = 3x^4$$
⇩

「$y = f(x)$」の形の関数は「陽関数」と呼ばれています。というのは，y は x の関数として明示的に表すことができるからです。

(2) **陰関数**

$$F(y, x) = y - 3x^4 = 0$$
⇩

関数が $F(y, x) = 0$ の形で書かれたとき，$y = f(x)$ は陽関数ではなく，$F(y, x) = 0$ で陰伏的に定義されたものにすぎなくなります。$F(y, x) = 0$ によってインプリシットに定義されている $y = f(x)$ は「陰関数」と呼ばれています。

2 陰関数の導関数

$F(y, x) = 0$ が y について明示的に解くことができない場合,導関数 $\dfrac{dy}{dx}$ は次のようにして求めることができます。

⇩ ($F(y, x) = 0$ の全微分を求めます)

$dF = F_y dy + F_x dx = d0 = 0$

⇩

$\dfrac{dy}{dx} = -\dfrac{F_x}{F_y}$　　(陰関数の導関数)

【練習問題】

$F(y, x) = y - 3x^4 = 0$ が定義する陰関数の導関数 $\dfrac{dy}{dx}$ を求めましょう。

答　$\dfrac{dy}{dx} = -\dfrac{F_x}{F_y} = -\dfrac{-12x^3}{1} = 12x^3$

第8章 1つの選択変数の最適化

I 最適値と極値

1 最適化問題と極値

経済学は選択の科学です。ミクロ経済学は選択の理論です。最適化問題の核心は，ある特定の基準（例えば，利潤の最大化，費用の最小化，効用の最大化など）に照らして，選択範囲の中から最も優れたものを選ぶことです。

⇩

最大値や最小値を求めることは「最適化問題」と言われています。最大値・最小値はまとめて「極値」と呼ばれています。

2 目的関数と選択変数

利潤最大化問題 $\text{Max } \pi = TR(y) - TC(y)$ を考えます。

ここで，

π ＝利　潤
TR＝総収入
TC＝総費用
y　＝生産量

⇩

$\pi = TR(y) - TC(y)$，すなわち $\pi = \pi(y)$ は利潤最大化問題の「目的関数」，独立変数 y は「選択変数」と呼ばれています。

⇩

「最適化」とは，目的関数に望ましい極値をもたらすような選択変数の値を見出すことです。上記の例では，π が最大になるような y の水準を選ぶことです。以下では，y の変域に制限がない場合を説明します。

II 絶対的な極値と相対的な極値

(1) 図8−1−a タイプの目的関数

点A，B，C，…は最大値，最小値のいずれと考えることもできるし，あるいは，そのいずれでもないと考えることもできます。この場合には，y の値を選択する必要はありません。

(2) 絶対的な極値：図8−1−b タイプの目的関数

図8−1−b には有限の最大値はありません。点D は「絶対的な」（ないし「大域における」）最小値です。

(3) 相対的な極値：図8−1−c タイプの目的関数

点E，F はそれぞれ「相対的な」（ないし「小域における」）最大値，最小値です。

⇩

点E，F はその近傍における極値にすぎません。すなわち，点E，F は関数の大域においては極値ではないかも知れません。

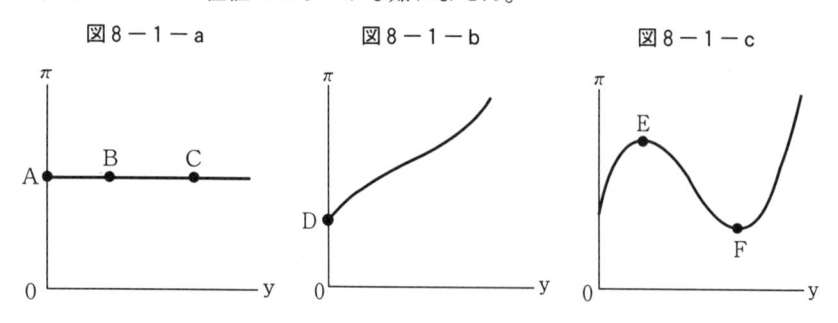

図8−1−a　　　図8−1−b　　　図8−1−c

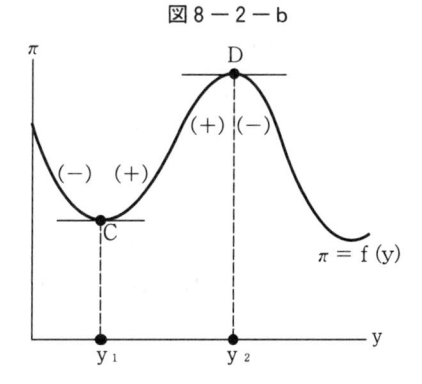

第8章　1つの選択変数の最適化　117

──【知っておきましょう】　端　　点──
　すべての相対的な極大値が分かれば，その中の最大のものを選び，それと端点の値を比較しさえすれば，絶対的な最大値を求めることができます。「小域における」ものを極大値・極小値，「大域における」ものを最大値・最小値と呼んで区別することがあります。

Ⅲ　極値の1次導関数テスト

1　極値の存在

　関数 $\pi = \pi(y)$ の $y = y_i$（$i = 1, 2$）における極値を考えます。

(1)　図8−2−a

　点A，B（尖点）はともに相対的な極値ですが，$\pi'(y_i) = 0$ は存在しません。すなわち，1次導関数は定義されません。

(2)　図8−2−b

　点C，Dは極値であり，$\pi'(y_i) = 0$ です。関数 $\pi = \pi(y)$ は連続で，連続した1次導関数をもっています。

　　　　⇩

　「なめらかな」関数の場合，相対的な極値は1次導関数がゼロ（接線の勾配がゼロ）のところで生じます。ただし，1次導関数がゼロ（接線の勾配がゼロ）は極値のための必要条件ですが，十分条件ではありません。

図8−2−a　　　　　　　　図8−2−b

---【知っておきましょう】 1次導関数───────
　ここでは，関数の導関数を高次の導関数と区別するために，「1次導関数」あるいは「1階の導関数」と呼ぶことにします。
────────────────────────────

2　極小と極大の1次導関数テスト（図8−2−b）

　「なめらかな」関数 $\pi = \pi(y)$ を考えます。極値のための必要条件が満たされているとき，すなわち関数 $\pi = \pi(y)$ の $y = y_i (i = 1, 2)$ における1次導関数が $\pi'(y_i) = 0$ であるとき，関数の値 $\pi(y_i)$ は，

(1)　極小：点C

　y の値が y_i の左から右に変わるとき，導関数 $\pi'(y_i)$ の符号が負から正に変われば，極小（谷の底）です。

(2)　極大：点D

　y の値が y_i の左から右に変わるとき，導関数 $\pi'(y_i)$ の符号が正から負に変われば，極大（丘の頂上）です。

　　⇩

(1)，(2)は「1次導関数テスト」と呼ばれています。

───【知っておきましょう】 臨界値と停留値────
　$\pi'(y_i) = 0$ のとき，y_i の値は y の「臨界値」，$\pi(y_i)$ は π の「停留値」と呼ばれています。
────────────────────────────

3　極値と変曲点（図8−3）

　点J，Kは「変曲点」と呼ばれています。

　　　⇩

　極値は停留値です。しかし，停留値は極値であるかも知れないし，あるいは変曲点であるかも知れません。したがって，関数の極大・極小を求めるには，$\pi'(y) = 0$ の場合の停留値をまず求め，次に停留値が極大か，極小か，ある

いはそのいずれでもないかを知るために,「1次導関数テスト」を用いる必要があります。

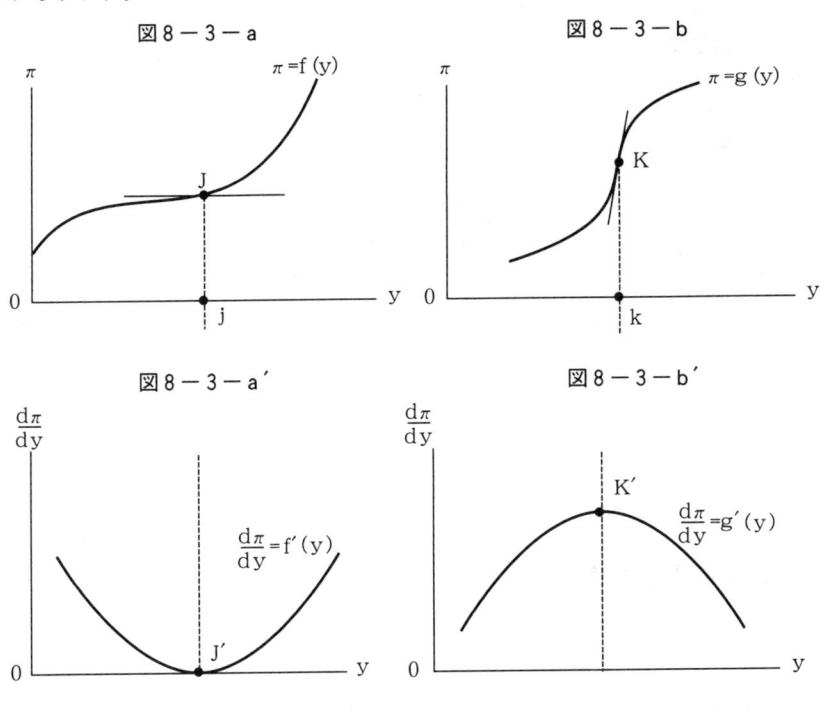

図8-3-a　　　　　　　　図8-3-b

図8-3-a′　　　　　　　図8-3-b′

―【練習問題】――――――――――――――――――――――――
関数 $y=f(x)=x^3-12x^2+36x+8$ の極値を求めましょう。
答　$x=2$ のとき極大値 $f(2)=40$,　$x=6$ のとき極小値 $f(6)=8$

IV　2次および高次の導関数

1　高次の導関数（導関数の導関数）

関数 $\pi=f(y)=y^3-12y^2+36y+8$ の1次から3次までの導関数を求めましょう。

(1) 1次導関数

$$\frac{d\pi}{dy} \equiv f'(y) = 3y^2 - 24y + 36$$

(2) 2次導関数

$$\left(\frac{d}{dy}\right)\frac{d\pi}{dy} \equiv \frac{d^2\pi}{dy^2} \equiv f''(y) = 6y - 24$$

(3) 3次導関数

$$\left(\frac{d}{dy}\right)\frac{d^2\pi}{dy^2} \equiv \frac{d^3\pi}{dy^3} \equiv f'''(y) = 6$$

(4) 4次導関数

$$\left(\frac{d}{dy}\right)\frac{d^3\pi}{dy^3} \equiv \frac{d^4\pi}{dy^4} \equiv f^{(4)}(y) = 0$$

―【知っておきましょう】――

$f'(y)$は「エフダッシュ」,$f''(y)$は「エフダッシュダッシュ」と呼ばれています。$f'''(y)$は$f^{(3)}(y)$と書かれることもあります。

2　2次導関数の解釈

関数$\pi = f(y)$を取り上げます。$y = y_i$から独立変数 y が微小量だけ増加するとき,

(1) 関数の値

$$\left.\begin{array}{l} f'(y_i) > 0 \\ \\ f'(y_i) < 0 \end{array}\right\} は,「関数の値」が \left\{\begin{array}{l} 増加する \\ \\ 減少する \end{array}\right.$$

(2) 曲線の勾配

$$\left.\begin{array}{l} f''(y_i) > 0 \\ \\ f''(y_i) < 0 \end{array}\right\} は,「曲線の勾配」が \left\{\begin{array}{l} 逓増する \\ \\ 逓減する \end{array}\right.$$

を意味しています。

　　⇩

① $f'(y_i) > 0$, $f''(y_i) > 0$

関数の値は逓増する率で増加しています。

② $f'(y_i)>0$, $f''(y_i)<0$

関数の値は逓減する率で増加しています。

---【知っておきましょう】---

$\pi=f(y)$ の π は「増加・減少」と呼ばれるのに対して，平均値（$\frac{\pi}{y}$），限界値（$\frac{d\pi}{dy}$：曲線の勾配）は「逓増・逓減」と呼ばれています。

---【知っておきましょう】---

「$f'(y_i)<0$, $f''(y_i)>0$」は勾配が例えば−6から−5へ（小さい数から大きな数へ），すなわち緩やかになることを意味しています。

3　1次導関数と2次導関数の符号の組み合わせ（図8−4）

A点　　$f'(y_1)>0$　　$f''(y_1)<0$　　（勾配が正で，逓減）
B点　　$f'(y_2)=0$　　$f''(y_2)<0$　　（勾配がゼロで，逓減）
C点　　$f'(y_3)<0$　　$f''(y_3)<0$　　（勾配が負で，逓減）
D点　　$g'(y_4)<0$　　$g''(y_4)>0$　　（勾配が負で，逓増）
E点　　$g'(y_5)=0$　　$g''(y_5)>0$　　（勾配がゼロで，逓増）
F点　　$g'(y_6)>0$　　$g''(y_6)>0$　　（勾配が正で，逓増）

図8−4−a　　　　　　　　　図8−4−b

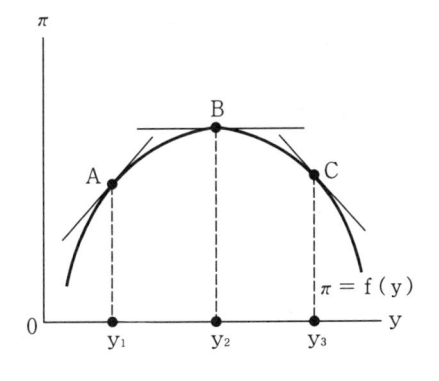

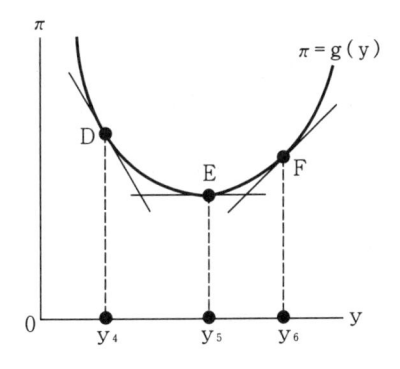

4　凹性と凸性

(1) 水平軸（下）に対して凹性（図8－4－a）

$f''(y) < 0$（負の2次導関数）は逆U字型（下に対して凹）の曲線を意味しています。というのは，曲線はyが増加するにつれて，より緩やかな勾配をもたなければならないからです。

(2) 水平軸（下）に対して凸性（図8－4－b）

$f''(y) > 0$（正の2次導関数）はU字型（下に対して凸）の曲線を意味しています。というのは，曲線はyが増加するにつれて，より急な勾配をもたなければならないからです。

---【知っておきましょう】　曲　　率---

関数の2次導関数は曲線の「曲率」すなわち，曲線がいかに「曲がっている」かを示しています。

---【知っておきましょう】　「強い意味での凹」と「弱い意味での凹」---

図8－4－a，bはそれぞれ「強い意味での凹」，「強い意味での凸」と呼ばれています。それに対して，直線部分を含む曲線は「弱い意味での凹」，「弱い意味での凸」と呼ばれています。

V　極値の2次導関数テスト

1　極値についての2次導関数テスト

関数 $\pi = \pi(y)$ の1次導関数が $y = y_i$ において，$\pi'(y_i) = 0$ であるとき，$y = y_i$ における関数の値，すなわち $\pi(y_i)$ は，

(1) もし2次導関数が $\pi''(y_i) < 0$ であれば，極大

(2) もし2次導関数が $\pi''(y_i) > 0$ であれば，極小

です。

⇩

$\pi'(y_i)=0$ は極値のための必要条件です。この必要条件が満たされているとき，2次導関数が負（正）であることは，極大（極小）のための十分条件となります。

⇩

$\pi'(y_i)=0$ は「極値のための1階の条件」，$\pi''(y_i)<0$ あるいは $\pi''(y_i)>0$ は「極値のための2階の条件」と呼ばれています。

---【練習問題】---

関数 $y=f(x)=4x^2-x$ の極値を求めましょう。

答　$f'(x)=8x-1=0$　（1階の条件）

$f''(x)=8>0$　（2階の条件）

$x=\dfrac{1}{8}$ のとき，極小値 $f(\dfrac{1}{8})=-\dfrac{1}{16}$

---【より高度な学習のために】---

$\pi''(y_i)=0$ のとき，極値の2次導関数テストは失敗します。というのは，$\pi''(y_i)=0$ の場合，y_i は変曲点であるかも知れないからです。

2　利潤最大化の2階の条件（図8−5）

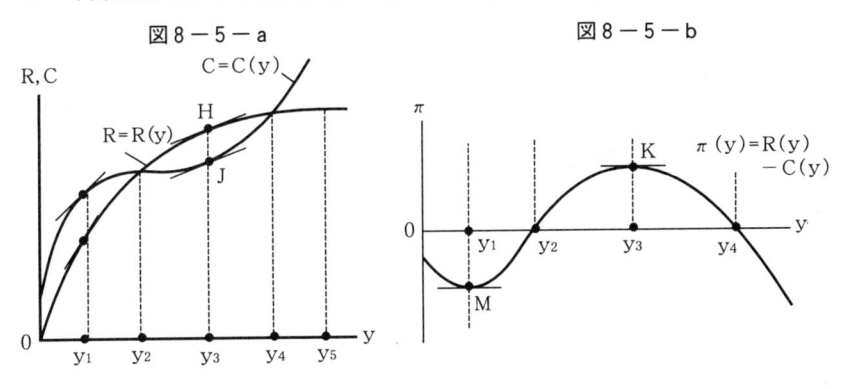

図8−5−a

図8−5−b

図8−5−c

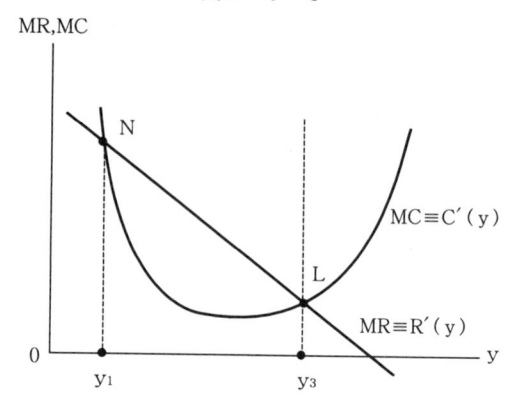

Ⅵ マクローリン級数

1 マクローリン級数とテーラー級数

n次の多項関数 $\pi = f(y) = a_0 + a_1 y + a_2 y^2 + a_3 y^3 + \cdots + a_n y^n$ を $y = 0$ において展開することは「マクローリン級数」，$y = y_0$ において展開することは「テーラー級数」とそれぞれ呼ばれています。

⇩

関数を「展開する」ということは，1つの多項式を他の多項式に変形することを意味しています。

2 マクローリン級数

関数 $\pi = f(y)$ の「マクローリン級数」は次のように定義されています。

$$f(y) = \frac{f(0)}{0!} + \left(\frac{f'(0)}{1!}\right)y + \left(\frac{f''(0)}{2!}\right)y^2 + \left(\frac{f'''(0)}{3!}\right)y^3 + \cdots + \left(\frac{f^n(0)}{n!}\right)y^n$$

―【知っておきましょう】 n！(nの階乗)―――――

ここで，nは任意に選ばれた正の整数です。

$$n! = n(n-1)(n-2)\cdots(3)(2)(1)$$

⇩（例題）

$2! = 2 \times 1$

$3! = 3 \times 2 \times 1$

$0! = 1$

―【練習問題】―――――

$f(y) = 2 + 4y + 3y^2$ のマクローリン級数を求めましょう。

答　$f(0) = 2$

　　$f'(0) = 4 + 6y = 4$

　　$f''(0) = 6$

ですので，マクローリン級数は，

$$f(y) = \frac{f(0)}{0!} + \frac{f'(0)}{1!}y + \frac{f''(0)}{2!}y^2$$
$$= 2 + 4y + 3y^2$$

Ⅶ　テーラー級数

関数 $\pi = f(y)$ の $y = y_0$ における「テーラー級数」は次のように定義されています。

$$f(y) = \frac{f(y_0)}{0!} + \frac{f'(y_0)}{1!}(y - y_0) + \frac{f''(y_0)}{2!}(y - y_0)^2$$
$$+ \frac{f'''(y_0)}{3!}(y - y_0)^3 + \cdots + \frac{f^{(n)}(y_0)}{n!}(y - y_0)^n$$

Ⅷ 1変数関数の極値のためのn次導関数テスト

次のものは，停留点で2次導関数がゼロである場合でも，用いることのできる極値のための一般的なテストです。

⇩

関数 $\pi = f(y)$ の y_0 における1次導関数が $f'(y_0) = 0$ で，次々に微分を行い，y_0 での最初の非ゼロの導関数がn次導関数 $f^{(n)}(y_0)$ であれば，$f(y_0)$ の値をもつ停留点は，

① nが偶数で，$f^{(n)}(y_0) < 0$ であれば，極大点
② nが偶数で，$f^{(n)}(y_0) > 0$ であれば，極小点
③ nが奇数であれば，変曲点

です。

第9章　2つの選択変数の最適化

I　偏導関数と全微分

1　2つの選択変数の最適化

(1)　1つの選択変数の最適化

　第8章では,「$\pi = TR(y) - TC(y) = \pi(y)$ の最大化」を取り上げました。「$\pi = \pi(y)$」は利潤最大化問題の目的関数, 独立変数 y は「選択変数」でした。

　⇩

　1変数の関数の極値を求める場合に用いられた基準は, 1次および2次導関数の符号でした。

(2)　2つの選択変数の最適化

　本章では, 2つの独立変数が選択変数である最適化問題を取り上げます。すなわち, 2つの選択変数を含む目的関数［例えば, $y = f(L, K)$, $U = U(x_1, x_2)$］の極値を求める方法を学習します。

　⇩

　2変数の関数の極値を求める場合に用いられる基準は, 1次および2次の「偏導関数」の符号です。

────【知っておきましょう】　3つ以上の選択変数────
　3つ以上の選択変数の最適化についても同様です。このとき, 目的関数は必要なだけの有限で連続的な偏導関数をもっているものと仮定します。

それによって，目的関数とその偏導関数のなめらかさと微分可能性が保証されます。

2 偏導関数

関数$U=U(x_1, x_2)$の1次，2次の偏導関数は次のとおりです。

(1) 1次偏導関数

$$U_1 \equiv \frac{\partial U}{\partial x_1} = U_1(x_1, x_2)$$

$$U_2 \equiv \frac{\partial U}{\partial x_2} = U_2(x_1, x_2)$$

──【知っておきましょう】 偏導関数の記号──

$U=U(x)$のときは「導関数」の記号$\frac{dU}{dx}$を用いましたが，$U=U(x_1, x_2)$のときは「偏導関数」の記号$\frac{\partial U}{\partial x_1}$, $\frac{\partial U}{\partial x_2}$を用いています。$\frac{\partial U}{\partial x_1}$は$x_2$を一定としたときの$x_1$に関するUの変化率，$\frac{\partial U}{\partial x_2}$は$x_1$を一定としたときの$x_2$に関するUの変化率を示しています（☞p.106）。

(2) 2次偏導関数

$$U_{11} \equiv (\frac{\partial}{\partial x_1})\frac{\partial U}{\partial x_1} = \frac{\partial^2 U}{\partial x_1^2} = U_{11}(x_1, x_2)$$

$$U_{12} \equiv (\frac{\partial}{\partial x_2})\frac{\partial U}{\partial x_1} = \frac{\partial^2 U}{\partial x_2 \partial x_1}$$
$$= U_{12}(x_1, x_2)$$

$$U_{21} \equiv (\frac{\partial}{\partial x_1})\frac{\partial U}{\partial x_2} = \frac{\partial^2 U}{\partial x_1 \partial x_2}$$
$$= U_{21}(x_1, x_2)$$

$$U_{22} \equiv (\frac{\partial}{\partial x_2})\frac{\partial U}{\partial x_2} = \frac{\partial^2 U}{\partial x_2^2} = U_{22}(x_1, x_2)$$

⇩

U_{11}, U_{22}は$U=U(x_1, x_2)$をx_1, x_2のそれぞれで2回偏微分していることを意味しています。他方，U_{12}はU_1をx_2で，U_{21}はU_2をx_1で偏微分して

いることを意味しています。

---【知っておきましょう】 「ヤングの定理」---

「ヤングの定理」より，2つの交差偏導関数U_{12}，U_{21}がともに連続であるかぎり，$U_{12}=U_{21}$です。

---【練習問題】---

$U=U(x_1, x_2)=x_1^3+5x_1x_2-x_2^2$の4つの2次偏導関数を求めましょう。

答　$U_1=3x_1^2+5x_2$，$U_2=5x_1-2x_2$ですので，

$U_{11}=6x_1$，$U_{12}=5$，$U_{21}=5$，$U_{22}=-2$

3　全　微　分

(1)　1次全微分

$U=U(x_1, x_2)$の1次の全微分は次のとおりです。

$$dU = \left(\frac{\partial U}{\partial x_1}\right)dx_1 + \left(\frac{\partial U}{\partial x_2}\right)dx_2$$
$$= U_1 dx_1 + U_2 dx_2$$

(2)　2次全微分

dUの1次の全微分，すなわちUの2次全微分$d^2U \equiv d(dU)$は次のとおりです。

$$d^2U \equiv d(dU) = \left\{\frac{\partial(dU)}{\partial x_1}\right\}dx_1 + \left\{\frac{\partial(dU)}{\partial x_2}\right\}dx_2$$
$$= U_{11}dx_1^2 + 2U_{12}dx_1 dx_2 + U_{22}dx_2^2$$

ここで，「ヤングの定理」より，$U_{12}=U_{21}$です。

---【練習問題】---

$U=U(x_1, x_2)=x_1^3+5x_1x_2-x_2^2$の$dU$と$d^2U$を求めましょう。

答　$dU=(3x_1^2+5x_2)dx_1+(5x_1-2x_2)dx_2$

$d^2U=6x_1 dx_1^2+10 dx_1 dx_2-2 dx_2^2$

Ⅱ　2変数関数の極値

1　極大値のための条件

$U=U(x_1, x_2)$ の極大値のための1階，2階の条件は次のとおりです。

(1) 極大値のための1階の条件

$$U_1=U_2=0$$

⇩

「$U_1=U_2=0$」はUが極値をとるための必要条件です。

---【知っておきましょう】---
「$dU=0$」と「$U_1=U_2=0$」は同じ条件です。

---

(2) 極大値のための2階の条件

$$U_{11}, U_{22}<0$$

および

$$U_{11}U_{22}>U_{12}^2$$

⇩

すべての2階の偏導関数は，$U_1=U_2=0$ の停留点で評価されねばなりません。

2　極小値のための条件

$U=U(x_1, x_2)$ の極小値のための1階，2階の条件は次のとおりです。

(1) 極小値のための1階の条件

$$U_1=U_2=0$$

(2) 極小値のための2階の条件

$$U_{11}, U_{22}>0$$

および

$$U_{11}U_{22}>U_{12}^2$$

⇩
すべての2階の偏導関数は，$U_1 = U_2 = 0$ の停留点で評価されねばなりません。

---【より高度な学習のために】 2階の条件---

dx_1，dx_2 の両方ともがゼロでないいかなる値に対しても，
① 「U_{11}，$U_{22} < 0$ および $U_{11}U_{22} > U_{12}^2$」が満たされるとき，そしてそのときにのみ，$d^2U < 0$ です。
② 「U_{11}，$U_{22} > 0$ および $U_{11}U_{22} > U_{12}^2$」が満たされるとき，そしてそのときにのみ，$d^2U > 0$ です。
⇩
2階の条件は極値のための十分条件であっても，必要条件ではありません。とりわけ，$U_{11}U_{22} = U_{12}^2$ となって，2階の条件が成立しなくなっても，極値をもつかも知れません。

---【より高度な学習のために】 鞍　点---

停留値で $U_{11}U_{22} < U_{12}^2$ となれば，「鞍点」と考えられます。というのは，そのような場合には d^2U の符号が不定となるからです。

---【練習問題】---

$z = 8x^3 + 2xy - 3x^2 + y^2 + 1$ の極値を求めましょう。
答　$x = \dfrac{1}{3}$，$y = -\dfrac{1}{3}$ のとき，極小値 $z = \dfrac{23}{27}$

Ⅲ　2変数の2次形式

1　2次形式

$U = U(x_1, x_2)$ の2次全微分 $d^2U \equiv d(dU)$ は次のとおりです。

$$d^2U \equiv d(dU) = U_{11}dx_1^2 + 2U_{12}dx_1dx_2 + U_{22}dx_2^2$$

⇩

U_{11}, $2U_{12}$, U_{22}は停留値で評価されています。微分dx_1, dx_2を2つの変数とみなせば，上記の多項式は各項がそれぞれ2次であるので，「2変数dx_1, dx_2の2次形式d^2U」と呼ばれています。

【知っておきましょう】 2次形式

各項が同じ次数（1次，2次，3次，…）をもつ多項式，すなわち各項の指数の和が同じ（1，2，3，…）多項式は「形式」（1次形式，2次形式，3次形式，…形式）と呼ばれています。例えば，$4x - 9y + z$は「3変数の1次形式」，$4x^2 - xy + 3y^2$は「2変数の2次形式」とそれぞれ呼ばれます。

---

2 正値定符号と負値定符号

$d^2U < 0$は極大値をもつための十分条件，$d^2U > 0$は極小値をもつための十分条件でした。

(1) **負値定符号（極大値のケース）**

$U_{11} < 0$で，かつ $\begin{vmatrix} U_{11} & U_{12} \\ U_{21} & U_{22} \end{vmatrix} = U_{11}U_{22} - U_{12}^2 > 0$ のとき，

そしてそのときにのみ，d^2Uは「負値定符号」となります。

(2) **正値定符号（極小値のケース）**

$U_{11} > 0$で，かつ $\begin{vmatrix} U_{11} & U_{12} \\ U_{21} & U_{22} \end{vmatrix} = U_{11}U_{22} - U_{12}^2 > 0$ のとき，

そしてそのときにのみ，d^2Uは「正値定符号」となります。

⇩（ヘッセの行列式）

2×2の係数行列の行列式 $\begin{vmatrix} U_{11} & U_{12} \\ U_{21} & U_{22} \end{vmatrix}$ は「2次形式d^2Uの判別式」

と呼ばれています。あるいは，「ヘッセの行列式（単に，ヘシアン）」と呼ばれています。ヘッセの行列式は「ヤングの定理」から$U_{12} = U_{21}$ですので，対称的です。

第9章 2つの選択変数の最適化

――【より高度な学習のために】――

2つの変数 dx_1, dx_2 の値（両方ゼロではない）のいかんにかかわらず，

もし d^2U がつねに $\begin{cases} \text{正}（>0）\\ \text{非負}（\geqq 0）\\ \text{非正}（\leqq 0）\\ \text{負}（<0）\end{cases}$ であれば，$\begin{cases} \text{正値定符号}\\ \text{正値半定符号}\\ \text{負値半定符号}\\ \text{負値定符号}\end{cases}$

であると言われています。もし2つの変数 dx_1, dx_2 の値が変わるときに，d^2U の符号が変われば，d^2U は不定であると言われます。

――【知っておきましょう】――

$U_{11}U_{22}-U_{12}^2>0$ ですので，$U_{11}U_{22}>0$ でなければなりません。それは U_{11} と U_{22} が代数的に同じ符号をとらなければならないことを意味しています。したがって，負値定符号の $U_{11}<0$ は，$U_{22}<0$ を意味しています。正値定符号の $U_{11}>0$ は，$U_{22}>0$ を意味しています。

――【練習問題】――

$d^2U=5dx_1^2+3dx_1dx_2+2dx_2^2$ は正値定符号，負値定符号のいずれでしょうか。

答

d^2U の判別式は $\begin{vmatrix} 5 & 1.5 \\ 1.5 & 2 \end{vmatrix}=7.75>0$ です。$5>0$ ですので，d^2U は正値定符号です。

――【より高度な学習のために】 n変数の2次形式――

d^2U の「判別式」，すなわち2次形式の正方配列から得られる対称的な係数行列式を $|D|$（ヘッセの行列式）とすると，

① n変数の2次形式が正値定符号をとるための必要かつ十分条件は，

|D|の首座小行列式のすべてが正であることです。
② n変数の2次形式が負値定符号をとるための必要かつ十分条件は，|D|の奇数番目の首座小行列式はすべて負であり，偶数番目の首座小行列式がすべて正であることです。
⇩

行列式 $|D| = \begin{vmatrix} d_{11} & d_{12} & d_{13} \\ d_{21} & d_{22} & d_{23} \\ d_{31} & d_{32} & d_{33} \end{vmatrix}$ とすると，

全体で3つの首座小行列式を得ることができます。

$|D_1| = d_{11}$, $|D_2| = \begin{vmatrix} d_{11} & d_{12} \\ d_{21} & d_{22} \end{vmatrix}$, $|D_3| = \begin{vmatrix} d_{11} & d_{12} & d_{13} \\ d_{21} & d_{22} & d_{23} \\ d_{31} & d_{32} & d_{33} \end{vmatrix}$

Ⅳ 固有根による定符号のチェック

1 固有方程式と固有根

(1) 2次形式

$U = U(x_1, x_2)$の2次全微分d^2Uは次のとおりです。

$d^2U = U_{11}dx_1^2 + 2U_{12}dx_1dx_2 + U_{22}dx_2^2$

上記の2次形式は行列表示で次のように書くことができます。

$d^2U = \begin{bmatrix} dx_1 & dx_2 \end{bmatrix} \begin{pmatrix} U_{11} & U_{12} \\ U_{21} & U_{22} \end{pmatrix} \begin{pmatrix} dx_1 \\ dx_2 \end{pmatrix} = x'Dx$

──【関連する数学知識】 行　　列──
「行列」については，第11章を参照して下さい（☞行列 p.152）。

(2) 行列方程式と固有根

2×2の行列Dが与えられたときに，「行列方程式」

$$Du = ru$$

を満たすようなスカラー r と 2×1 のベクトル u ≠ 0 を見つけることができるならば，

① スカラー r は行列 D の「固有根」あるいは「固有値」と呼ばれています。

② 2×1 のベクトル u は行列 D の「固有ベクトル」と呼ばれています。

―【より高度な学習のために】 固有ベクトル―

固有ベクトル u を考えます。

① スカラー積 $u_i' u_i = 1$

② スカラー積 $u_i' u_j = 0$ （ただし，i ≠ j）

⇩

これらの2つの特徴は固有ベクトルが正規直交ベクトルの集合であることを示しています。

(3) 固有行列と固有方程式

「行列方程式」$Du = ru$ は，

$$Du - rIu = 0 \quad \text{ないし} \quad (D - rI)u = 0$$

と書き換えることができます。ただし，I は単位行列，0 は 2×1 のベクトルです。

⇩

$(D - rI)u = 0$ は 2 個の線型同次方程式の体系を表しています。

⇩

係数行列 $(D - rI)$ は行列 D の「固有行列」と呼ばれ，特異行列です。

⇩

$|D - rI| = 0$ は行列 D の「固有方程式」と呼ばれています。

⇩

行列式 $|D - rI| = 0$ はラプラス展開によって変数 r の 2 次多項式になります。ですから，全体で 2 個の根（r_1，r_2）があり，それぞれが固有根としての資格をもっています。r_1，r_2 は正負のいずれの符号ともなりえます。あ

るいは，ゼロにもなりえます．2個の固有根があれば，それに対応する固有ベクトルも2個です．

2　2次形式の定符号

2次形式 $x'Dx$ の定符号は，行列Dの「固有根」によってテストできます．

① $d^2U = x'Dx$ は，行列Dの固有根のすべてが正（負）であるとき，そしてそのときにのみ，正（負）値定符号です．

② $d^2U = x'Dx$ は，行列Dの固有根のすべてが非負（正）で，かつ少なくとも1つの根がゼロであるとき，そしてそのときにのみ，正（負）値半定符号です．

③ $d^2U = x'Dx$ は，行列Dの固有根のいくつかが正で，かつ他のいくつかが負であるとき，そしてそのときにのみ，不定です．

第10章 制約つき最適化

I 制約条件

1 制約条件と最適値

(1) 制約条件がない場合の最適値

制約条件がない場合は，1つの選択変数について行われた決定が残りの選択変数の選択に影響を与えないという意味で，すべての選択変数は互いに独立です。

(2) 制約条件がある場合の最適値

制約条件がある場合には，選択変数の間の独立性は失われます。選択変数の選択は同時的であるだけでなく，従属的でもあります。

⇩

選択変数が従属関係にある場合に初めて，「制約つき最適化」の問題になります。

2 制約の効果

(1) 制約条件がない場合の効用最大化問題

$$\text{Max} \quad U = U(x_1, x_2) \quad \text{(効用の最大化)}$$

(2) 制約条件がある場合の効用最大化問題

$$\text{Max} \quad U = U(x_1, x_2) \quad \text{(効用の最大化)}$$
$$\text{s.t.} \quad P_1 x_1 + P_2 x_2 = E_0 \quad \text{(予算制約式)}$$

⇩

制約（予算制約式）は，目的関数 $[U=U(x_1, x_2)]$ の定義域，したがってまた値域を小さくします。

3　制約条件の数

上記の「制約条件がある場合の効用最大化問題」で，2本の制約条件式，例えば，

$P_1 x_1 + P_2 x_2 = E_0$
$P_1 x_1 + P_2 x_2 = M_0$

を考えると，これらの2本の方程式で，2つの選択変数 x_1, x_2 は決定されてしまいます（すなわち，目的関数の定義域は1つの点になってしまいます）。

⇩（制約条件の数と選択変数の数）

制約条件の数の増加は選択の可能性を制限します。したがって，制約条件の数は選択変数の数より少なくなければなりません。

Ⅱ　ラグランジュ乗数法

1　極値の求め方

次の「制約条件がある場合の効用最大化問題」の極値を求めてみましょう。

Max $U = U(x_1, x_2) = x_1 x_2 + 2 x_1$　　（効用の最大化）
s.t.　$4 x_1 + 2 x_2 = 60$　　（予算式 $P_1 x_1 + P_2 x_2 = E_0$ の特定化）

(1)　制約条件式による選択変数の消去法

$4 x_1 + 2 x_2 = 60$

⇩（$x_2 = \cdots$ と書き直す）

$x_2 = 30 - 2 x_1$

⇩（効用関数に代入します）

$U = x_1 x_2 + 2 x_1 = x_1 (30 - 2 x_1) + 2 x_1$
　　　$= -2 x_1^2 + 32 x_1$

⇩（上記は1つの選択変数 x_1 をもつ目的関数です）

① 極値の1階の条件
$$\frac{dU}{dx_1} = -4x_1 + 32 = 0$$
したがって，$x_1^* = 8$

② 極大値の2階の条件
$$\frac{d^2U}{dx_1^2} = -4 < 0$$
⇩

$x_1^* = 8$ を予算式（制約条件式）に代入すると，$x_2^* = 14$ を得ることができます。極大値は $U^* = 128$ です。

(2) ラグランジュ（未定）乗数法

次のようなときには，「ラグランジュ（未定）乗数法」が「制約条件式による選択変数の消去法」よりも便利です。

① 制約条件自体が複雑な関数であったり，あるいは，いくつかの制約条件を考えなければならないとき。
② 1つの変数を他の変数の陽関数（例えば，$x_2 = 30 - 2x_1$）として解くことができないような形で制約条件が与えられているとき。

2　ラグランジュ乗数法

次の「制約条件がある場合の効用最大化問題」の極値を求めてみましょう。

　　Max　$U = U(x_1, x_2) = x_1 x_2 + 2x_1$　（効用の最大化）
　　s.t.　$4x_1 + 2x_2 = 60$　（予算式 $P_1 x_1 + P_2 x_2 = E_0$ の特定化）
　　⇩
　　Max　$U = x_1 x_2 + 2x_1$　（目的関数）
　　s.t.　$4x_1 + 2x_2 = 60$　（制約条件）
　　⇩（「ラグランジュ関数」$Z = \cdots$ を作ります）
　　$Z = x_1 x_2 + 2x_1 + \lambda(60 - 4x_1 - 2x_2)$　（ラグランジュ関数）
　　　　（目的関数）　　　　（制約条件）
　　　$= Z(x_1, x_2, \lambda)$

ここで，$\lambda = $「ラグランジュ（未定）乗数」（$\lambda$ はギリシャ文字のラムダ

です。

⇩（Zの極値のための1階の条件（必要条件）は次のものです）

$Z_1 \equiv \dfrac{\partial Z}{\partial x_1} = x_2 + 2 - 4\lambda = 0$

$Z_2 \equiv \dfrac{\partial Z}{\partial x_2} = x_1 - 2\lambda = 0$

$Z_\lambda \equiv \dfrac{\partial Z}{\partial \lambda} = 60 - 4x_1 - 2x_2 = 0$

⇩（3つの変数 x_1, x_2, λ をもつ，上記の連立方程式を解きます）

$x_1^* = 8$, $x_2^* = 14$, $\lambda^* = 4$，したがって，$Z^* = 128$ が得られます。$Z^* = 128$ は $U^* = 128$ を意味しています。

⇩（ラグランジュ乗数法の本質）

「ラグランジュ乗数法」の本質は，制約なしの目的関数Zの極値（停留値）を求めることによって，制約つきの目的関数Uの極値を求めることができることです。

---【練習問題】---

$x + y = 6$ の下で $z = xy$ の極値を求めましょう。

答　ラグランジュ関数 $Z = xy + \lambda(6 - x - y)$ を作ります。

$x^* = 3$, $y^* = 3$, $\lambda^* = 3$ ですので，$Z^* = z^* = 9$

---【知っておきましょう】　n変数と2つの制約式がある場合---

Max　$U = U(x_1, x_2, \cdots, x_n)$　（目的関数）

s.t.　$g(x_1, x_2, \cdots, x_n) = c$　（第1の制約条件）

　　　$h(x_1, x_2, \cdots, x_n) = d$　（第2の制約条件）

⇩（「ラグランジュ関数」$Z = \cdots$ を作ります）

$Z = U(x_1, x_2, \cdots, x_n) + \lambda[c - g(x_1, x_2, \cdots, x_n)]$
$\qquad\qquad + \mu[d - h(x_1, x_2, \cdots, x_n)]$

ここで，λ, μ ＝ ラグランジュ（未定）乗数です。

⇩（Zが極値をもつための1階の条件（必要条件）は次のものです）

$Z_i \equiv \dfrac{\partial Z}{\partial x_i} = U_i - \lambda g_i - \mu h_i = 0$　$(i = 1, 2, \cdots, n)$

$$Z_\lambda \equiv \frac{\partial Z}{\partial \lambda} = c - g(x_1, x_2, \cdots, x_n) = 0$$

$$Z_\mu \equiv \frac{\partial Z}{\partial \mu} = d - h(x_1, x_2, \cdots, x_n) = 0$$

⇩

上記の（n＋2）個の連立方程式から，（n＋2）個の変数 x_i^*, λ^*, μ^* を求めることができます。

3 ラグランジュ乗数の意味

ラグランジュ乗数の解の値 λ^* は制約条件のシフトに対する Z^*（および U^*）の反応の大きさを表しています。

⇩

Max　$U = U(x_1, x_2)$　　（目的関数）
s.t.　$g(x_1, x_2) = c$　　（制約条件）

⇩ （「ラグランジュ関数」$Z = \cdots$ を作ります）

$$Z = U(x_1, x_2) + \lambda[c - g(x_1, x_2)]$$

⇩ （Z が極値をもつための1階の条件（必要条件）は次のものです）

$$Z_1 \equiv \frac{\partial Z}{\partial x_1} = U_1 - \lambda g_1 = 0$$

$$Z_2 \equiv \frac{\partial Z}{\partial x_2} = U_2 - \lambda g_2 = 0$$

$$Z_\lambda \equiv \frac{\partial Z}{\partial \lambda} = c - g(x_1, x_2) = 0$$

⇩

上記の連立方程式について，次のような「比較静学分析」を行うことができます。すなわち，x_1, x_2, λ は内生変数，c は制約パラメーターですので，c の変化（制約条件を緩くしたり，厳しくしたりすること）は x_1, x_2, λ の最適解を変えます。

⇩

$$\frac{dZ^*}{dc} = \frac{dU^*}{dc} = \lambda^*$$

すなわち，ラグランジュ乗数の解の値 λ^* は制約パラメーター c の変化の，目的関数の最適値（極値）に与える効果を表しています。

III 制約つき最適化とラグランジュ乗数法

1 極値のための1階の条件

$$\text{Max} \quad U = U(x_1, x_2) \quad \text{（目的関数）}$$
$$\text{s.t.} \quad g(x_1, x_2) = c \quad \text{（制約条件）}$$

⇩（「ラグランジュ関数」 Z = … を作ります）

$$Z = U(x_1, x_2) + \lambda [c - g(x_1, x_2)]$$

ここで，λ = ラグランジュ（未定）乗数です。

⇩（Z が極値をもつための1階の条件（必要条件）は次のものです）

$$Z_1 \equiv \frac{\partial Z}{\partial x_1} = U_1 - \lambda g_1 = 0$$
$$Z_2 \equiv \frac{\partial Z}{\partial x_2} = U_2 - \lambda g_2 = 0$$
$$Z_\lambda \equiv \frac{\partial Z}{\partial \lambda} = c - g(x_1, x_2) = 0$$

2 極値のための2階の条件

(1) $d^2 U$ の符号

① U が極大であるための2階の条件

$dg = 0$ の下で，$d^2 U$ が負値定符号であることです。

② U が極小であるための2階の条件

$dg = 0$ の下で，$d^2 U$ が正値定符号であることです。

―【知っておきましょう】 2次形式 $d^2 U$ ―――

$$d^2 U = Z_{11} dx_1^2 + Z_{12} dx_1 dx_2 + Z_{21} dx_2 dx_1 + Z_{22} dx_2^2$$

(2) 縁つきヘシアン

2次形式 $d^2 U$ に対する制約条件は $dg = g_1 dx_1 + g_2 dx_2 = 0$ です。

⇩

極大・極小のための2階の条件は次のとおりです。

① Uが極大であるための2階の条件（負値定符号）

$$\begin{vmatrix} 0 & g_1 & g_2 \\ g_1 & Z_{11} & Z_{12} \\ g_2 & Z_{21} & Z_{22} \end{vmatrix} > 0 \quad であるとき，そしてそのときにのみ，$$

d^2Uは負値定符号です。

② Uが極小であるための2階の条件（正値定符号）

$$\begin{vmatrix} 0 & g_1 & g_2 \\ g_1 & Z_{11} & Z_{12} \\ g_2 & Z_{21} & Z_{22} \end{vmatrix} < 0 であるとき，そしてそのときにのみ，$$

d^2Uは正値定符号です。

⇩

上記の行列式は「縁つきヘシアン」と呼ばれています。目的関数$U=U(x_1, x_2)$ ないし$Z=U(x_1, x_2)+\lambda[c-g(x_1, x_2)]$の極値（停留値）が1階の条件から求められたとき，

① 「縁つきヘシアン」と呼ばれる行列式が正であることは，極大であるための十分条件です。

② 「縁つきヘシアン」と呼ばれる行列式が負であることは，極小であるための十分条件です。

──【知っておきましょう】──
「縁つきヘシアン」に含まれている導関数はすべてx_1^*, x_2^*（臨界値）で評価されたものです。

──【知っておきましょう】──
上記の2階の条件は必要条件ではありません。したがって，同条件が満たされていなくても，停留値が極大値であったり極小値であったりすることがあります。

―【より高度な学習のために】　n個の選択変数と2つの制約式がある場合―

　　Max　$U = U(x_1, x_2, \cdots, x_n)$　（目的関数）
　　s.t.　$g(x_1, x_2, \cdots, x_n) = c$　（第1の制約条件）
　　　　　$h(x_1, x_2, \cdots, x_n) = d$　（第2の制約条件）

⇩（「縁つきヘシアン」は次のとおりです）

$$\begin{vmatrix} 0 & 0 & g_1 & g_2 & g_3 & \cdots & g_n \\ 0 & 0 & h_1 & h_2 & h_3 & \cdots & h_n \\ g_1 & h_1 & Z_{11} & Z_{12} & Z_{13} & \cdots & Z_{1n} \\ g_2 & h_2 & Z_{21} & Z_{22} & Z_{23} & \cdots & Z_{2n} \\ g_3 & h_3 & Z_{31} & Z_{32} & Z_{33} & \cdots & Z_{3n} \\ \vdots & & & & & & \vdots \\ g_n & h_n & Z_{n1} & Z_{n2} & Z_{n3} & \cdots & Z_{nn} \end{vmatrix}$$

⇩（縁つき首座小行列は次のとおりです）

mを制約条件式の数としますと，$(m+1)$ から $(m+n)$ までの次数の首座小行列式の符号が問題になります。$m=2$ のケースですと，3次の首座小行列式 $|H_3|$，4次の首座小行列式 $|H_4|$，…の符号が問題になります。例えば，3次の首座小行列式 $|H_3|$ は，

$$|H_3| = \begin{vmatrix} 0 & 0 & g_1 & g_2 & g_3 \\ 0 & 0 & h_1 & h_2 & h_3 \\ g_1 & h_1 & Z_{11} & Z_{12} & Z_{13} \\ g_2 & h_2 & Z_{21} & Z_{22} & Z_{23} \\ g_3 & h_3 & Z_{31} & Z_{32} & Z_{33} \end{vmatrix}$$

⇩

m個（$m<n$）の制約条件式がある場合の極大・極小のための2階の条件は次のとおりです。

① Uが極大であるための2階の条件

　　縁つき首座小行列式が符号を変え，しかもその際，$|H_{m+1}|$ の符号が $(-1)^{m+1}$ であることです。

② Uが極小であるための2階の条件

縁つき首座小行列式がすべて同じ符号，すなわち符号が$(-1)^m$であることです。

　　　⇩（ここでは，m＝2のケースを取り上げています）

① Uが極大であるための2階の条件

縁つき首座小行列式が符号を変え，しかもその際，$|H_3|<0$，$|H_4|>0$，$|H_5|>0$，…であることです。

② Uが極小であるための2階の条件

縁つき首座小行列式がすべて同じ符号，すなわち正の符号であることです。

第11章　行列とベクトル

I　一般均衡分析と連立方程式

1　部分均衡分析と一般均衡分析
(1)　部分均衡分析

市場全体の中から任意の1つの市場だけを取り上げて分析するのがマーシャルの部分均衡分析です。

(2)　一般均衡分析

全市場の相互依存関係を包括的に分析するのがワルラスの一般均衡分析です。

2　2財市場モデル

部分均衡分析では，ある1つの財のみを取り上げ，その財の需要量・供給量は当該財価格のみの関数でありました。しかし，現実の世界では，どのような財に対しても，多くの代替財や補完財が存在しています。財が全部で n 個あるときは，第 i 番目（$i = 1, 2, 3, \cdots, n$）の財の需要関数・供給関数は，

　　　$D_i = D_i(P_1, P_2, P_3, \cdots, P_n)$　（第 i 財の需要関数）

　　　$S_i = S_i(P_1, P_2, P_3, \cdots, P_n)$　（第 i 財の供給関数）

と定式化されます。

　ここで，

　　　$D_i = $ 第 i 財の需要量

　　　$S_i = $ 第 i 財の供給量

　　　$P_i = $ 第 i 財の価格　（$i = 1, 2, 3, \cdots, n$）

⇩（多数財市場の問題の例解のために，n＝2の2財線型市場モデルを考えます）

$D_1 = S_1$　　　　　　　（第1財の需給均衡式）

$D_1 = D_1(P_1, P_2)$　　（第1財の需要関数）

　　$= 10 - 2P_1 + P_2$

$S_1 = S_1(P_1, P_2)$　　（第1財の供給関数）

　　$= -2 + 3P_1$

$D_2 = S_2$　　　　　　　（第2財の需給均衡式）

$D_2 = D_2(P_1, P_2)$　　（第2財の需要関数）

　　$= 15 + P_1 - P_2$

$S_2 = S_2(P_1, P_2)$　　（第2財の供給関数）

　　$= -1 + 2P_2$

⇩（上記の数値例では，S_1はP_1のみに，S_2はP_2のみに依存していると仮定しています）

6つの内生変数D_1，D_2，S_1，S_2，P_1，P_2の均衡値を求めます。上記の「6つの内生変数をもつ6本の方程式」は，変数の消去により，次の「2つの内生変数をもつ2本の方程式」に集約することができます。

　　$10 - 2P_1 + P_2 = -2 + 3P_1$　　（第1財の需給均衡式）

　　$15 + P_1 - P_2 = -1 + 2P_2$　　（第2財の需給均衡式）

　　　　⇩

上記の2元1次連立方程式を解くことによって，2個の財の需給均衡式を同時に成立させる2個の価格の均衡値（均衡価格）P_1^*，P_2^*を求めることができます。

$$P_1^* = \frac{52}{14}$$

$$P_2^* = \frac{92}{14}$$

【知っておきましょう】　ワルラスの法則

n個の財の需給均衡式全体を考えましょう。「ワルラスの法則」とは，

① n個の財の超過需要の合計は恒等的にゼロです。

② n個の財の需要の合計と供給の合計は恒等的に等しい。

⇩

したがって，n個の財の需給均衡式のうち（n−1）個の需給均衡式が成立すれば，残りの1個の需給均衡式は成立します。とするならば，「2財市場モデル」というのは，実は2つの財と貨幣が存在し，3個の価格（P_1，P_2，1），3個の市場（2つの財と貨幣）の需給均衡式があるモデルです。1は貨幣の価格であり，「2財市場モデル」は2個の独立な市場の需給均衡式で，2個の価格（P_1，P_2）の均衡値を決めるモデルです。

3 連立方程式の解：方程式の数と未知数（内生変数）の数

次の連立方程式体系，

$D_i(P_1, P_2, \cdots, P_n) = S_i(P_1, P_2, \cdots, P_n)$ （$i=1, 2, \cdots, n$）

が自動的に唯一の解をもつと仮定する先験的な理由はありません。

⇩

方程式の数と未知数（内生変数）の数とが等しいことは必ずしも一意的解の存在を保証するものではないことは，次の例証から明らかです。

(1) 整合性を満たしていないケース

$P_1 + P_2 = 8$

$P_1 + P_2 = 9$

上記の連立方程式においては，2つの未知数が2本の方程式によって関連づけられているにもかかわらず，解は存在しません。というのは，これらの2本の式は両立しないからです。

(2) 関数的独立性を満たしていないケース

$2P_1 + 3P_2 = 12$

$4P_1 + 6P_2 = 24$

上記の連立方程式においては，2本の式は関数的に従属しています。すなわち，一方の式が他方の式から導かれます（第2式は第1式を2倍したもので

す)。1本の式は余分であり、結局、2個の未知数をもつ1本の方程式しか存在していないことになります。解は無限個存在しています。

⇩

したがって、一意の解の存在をテストするのに「方程式と未知数とを数える」方法を用いるときには、次の2つのことを確かめる必要があります。
① ある1つの式を満たすことが他の式を満たすことを妨げないこと
② 余分な式がないこと

II　連立方程式と行列代数

1　連立方程式の行列表示

2財市場モデルは、数量変数D_i，S_i（$i=1, 2$）を消去した後、次の2本の線型方程式として定式化することができました。

$10 - 2P_1 + P_2 = -2 + 3P_1$　　（第1財の需給均衡方程式）

$15 + P_1 - P_2 = -1 + 2P_2$　　（第2財の需給均衡方程式）

⇩（上記の連立方程式を行列表示します）

まず、左辺に内生変数を集めます。

$-2P_1 + P_2 - 3P_1 = -2 - 10$

$P_1 - P_2 - 2P_2 = -1 - 15$

すなわち、

$-5P_1 + P_2 = -12$

$P_1 - 3P_2 = -16$

これを行列表示すると、次のようになります。

$$\begin{pmatrix} -5 & 1 \\ 1 & -3 \end{pmatrix} \begin{pmatrix} P_1 \\ P_2 \end{pmatrix} = \begin{pmatrix} -12 \\ -16 \end{pmatrix}$$

⇩

$\begin{pmatrix} -5 & 1 \\ 1 & -3 \end{pmatrix}$ は係数の行列表示，$\begin{pmatrix} P_1 \\ P_2 \end{pmatrix}$ は内生変数の行列表示，$\begin{pmatrix} -12 \\ -16 \end{pmatrix}$

は定数項の行列表示です。3つの行列表示をそれぞれA，p，dとするならば，

$$A = \begin{pmatrix} -5 & 1 \\ 1 & -3 \end{pmatrix}, \quad p = \begin{pmatrix} P_1 \\ P_2 \end{pmatrix}, \quad d = \begin{pmatrix} -12 \\ -16 \end{pmatrix}$$

となります。

　　　　⇩（線型連立方程式体系の行列表示）

　　$-5P_1 + P_2 = -12$

　　$P_1 - 3P_2 = -16$

の方程式体系は，かくして，行列記号を用いて，簡潔に，

　　$Ap = d$　　（線型連立方程式体系の行列表示）

として表すことができます。

2　行列代数を使用することの長所と短所

(1)　長　　所

① 行列表示を行うことによって，大きな連立方程式体系を簡潔に書き表すことができます。

② 行列式の値を求めることによって，解の存在をテストすることができます。

③ 解を求めることができます。

(2)　短　　所（図11-1）

行列代数は線型方程式体系にのみ適用可能であるにすぎません。

―――【知っておきましょう】　線型性の仮定―――

　線型性の仮定によって現実性がいくらか犠牲にされることがあっても，線型関係は現実の非線型関係に対して十分に密接な近似を与えていることは事実です。図11-1に見られるように，領域が小さくなれば，かなり密接な線型近似（破線）を得ることができます。マクローリン展開・テーラー展開（☞p.124）は，非線型方程式を線型近似するものでした。

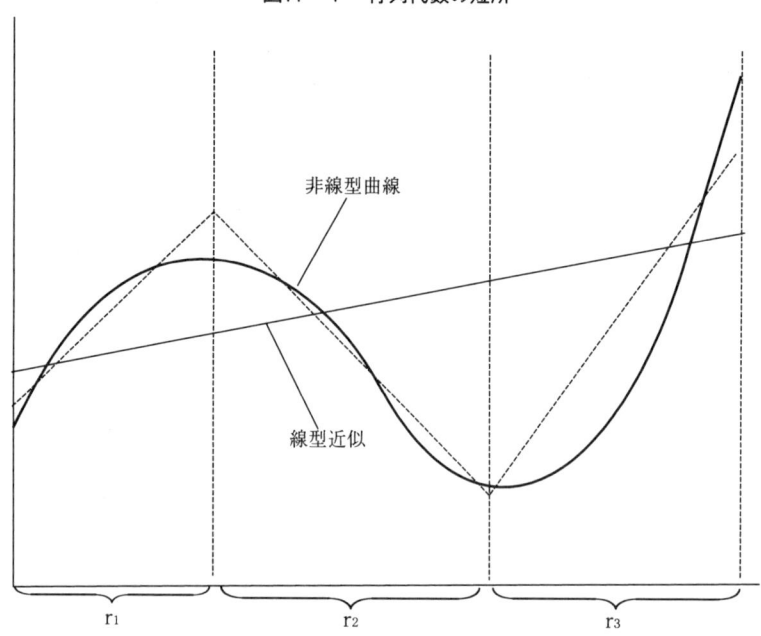

図11−1　行列代数の短所

（非線型曲線／線型近似／r_1, r_2, r_3）

Ⅲ　行列とベクトル

1　行　　列

行列は長方形配列として定義され，配列の各項は「行列の要素」と呼ばれています。行列

$$A = \begin{pmatrix} -5 & 1 \\ 1 & -3 \end{pmatrix}$$

における配列は，一般的には，

$$A = \begin{pmatrix} a_{11} & a_{12} \\ a_{21} & a_{22} \end{pmatrix} = [a_{ij}] \quad (i=1, 2, j=1, 2)$$

と書くことができます。行列の各要素の位置をその添字によって知ることができます。a_{ij} は第 i 番目の行，第 j 番目の列に位置する要素です。

2　行列の次元

行列の次元は行の数（iの数）と列の数（jの数）によって決まります。

$$A = \begin{pmatrix} -5 & 1 \\ 1 & -3 \end{pmatrix}$$

は2×2（行の数×列の数）次元の行列です。

3　行列の種類

(1) 正方行列

行の数と列の数が等しい行列は「正方行列」と呼ばれています。

(2) 単位行列（恒等行列）

$$I = \begin{pmatrix} 1 & 0 \\ 0 & 1 \end{pmatrix}$$

のような，主対角要素（北西から南東への対角要素）が1で，他の要素がすべて0（ゼロ）であるような正方行列は「単位行列（恒等行列）」と呼ばれています。それは記号Iによって示され，数字の1の役割を果たしています。

―【知っておきましょう】　単　位　行　列―

2つの行列IとAの積（次節の「行列の演算」を参照）はAです。すなわち，

　　AI＝A

　　IA＝A

　　⇩

したがって，行列の積の演算においては，積の値に影響することなく単位行列Iを挿入したりあるいは削除したりすることができます。

(3) 零 行 列

すべての要素が0（ゼロ）であるような行列は「零行列」と呼ばれています。それは数字の0の役割を果たしています。

(4) 特異行列

$A = \begin{pmatrix} 2 & 4 \\ 1 & 2 \end{pmatrix}$, $B = \begin{pmatrix} 2 & 3 \\ 6 & 9 \end{pmatrix}$ のように，1つの行が他の行の倍数（Aでは，第1行が第2行の2倍，Bでは，第2行が第1行の3倍）あるいは1つの列が他の列の倍数になっている行列は「特異行列」と呼ばれています（☞特異行列 p.180）。

【より高度な学習のために】

特異行列（例えば，A，B，C）の場合には，
① AとBとが零行列ではなくとも，AB＝0が成立します。
② D≠Eであっても，CD＝CEが成立します。

---

(5) 転置行列

行列（例えばA）の行と列を入れ替えたものは「転置行列」と呼ばれ，A′で表されます。A′は「Aプライム」と読まれます。

$$A = \begin{pmatrix} 2 & 4 \\ 1 & 2 \end{pmatrix}$$

とすると，

$$A' = \begin{pmatrix} 2 & 1 \\ 4 & 2 \end{pmatrix}$$

です。

【知っておきましょう】 対称行列

A′＝AとなるAは「対称行列」と呼ばれています。それは主対角要素に対して各要素が対称になっている行列です。

【知っておきましょう】 転置行列の3つの性質

① (A′)′＝A
② (A＋B)′＝A′＋B′
③ (AB)′＝B′A′

---

(6) 逆行列

正方行列Aの「逆行列」はA^{-1}と表されます。「逆行列」とは次の条件を満たす行列のことです（行列の積については，次節の「行列の演算」(☞ p.157)を参照）。

$$AA^{-1} = A^{-1}A = I$$

⇩ （非特異行列と特異行列）

すべての正方行列が逆行列をもつとは限りません。正方行列Aが逆行列をもつならば，Aは「非特異行列」，もたなければ「特異行列」と言われます。

⇩

「逆行列」A^{-1}の求め方は第13章で学習します (☞ p.181)。

―【知っておきましょう】 逆行列の3つの性質――
① $(A^{-1})^{-1} = A$
② $(AB)^{-1} = B^{-1}A^{-1}$
③ $(A')^{-1} = (A^{-1})'$

―【より高度な学習のために】 非特異性のための必要十分条件―
非特異性のための必要十分条件は次の2つです。
① 行列が正方であること
② 行（同じことですが，列）が1次独立であること

⇩

線型連立方程式体系Ap＝dの係数行列Aが，
① 「正方行列（行と列の数の一致）であること」は「方程式と未知数の数の一致」基準と関連しています。
② 「各行の間の1次独立性」は各方程式間の不整合性と1次従属性を排除しています (☞ p.149)。

⇩

非特異性のための必要十分条件（正方性と1次独立性）は線型連立方程式体系が一意の解をもつための条件です。

(7) 列ベクトル

$$p = \begin{pmatrix} P_1 \\ P_2 \end{pmatrix}$$

のように，1つの列のみから構成されている行列は「…行列」ではなく，「列ベクトル」と呼ばれています。pの次元は2×1です。

(8) 行ベクトル

配列を縦ではなく，横にして〔P_1, P_2〕を考えると，このような1つの行のみから構成されている行列は「行ベクトル」と呼ばれ，列ベクトルと区別するために，

$$p' = [P_1, P_2]$$

と書かれることがあります。プライム（´）が行ベクトルであることを示しています。行ベクトル p´ は列ベクトル p を「転置」したものであり，次元は1×2です。

4　行列の階数（ランク）

行列（正方行列であろうと長方形行列であろうと）において，1次独立な行（あるいは列）の最大数は「行列の階数」と呼ばれています（☞「1次独立」については，p.161参照）。

5　ベクトル

n個の順序づけられた組は「ベクトル」と呼ばれています。それはn次元空間の1点と理解されるものです。

⇩

(1) 零ベクトル

すべての要素がゼロであるベクトルは「零ベクトル」と呼ばれています。

(2) 単位ベクトル

例えば，2次元空間を考えます。2つのベクトル〔1, 0〕,〔0, 1〕は「単位ベクトル」と呼ばれています。

Ⅳ 行列の演算

1 等号の定義

$$\begin{pmatrix} 4 & 3 \\ 2 & 0 \end{pmatrix} = \begin{pmatrix} 4 & 3 \\ 2 & 0 \end{pmatrix} \neq \begin{pmatrix} 2 & 0 \\ 4 & 3 \end{pmatrix}$$

2 行列の加減

$$\begin{pmatrix} 4 & 9 \\ 2 & 1 \end{pmatrix} + \begin{pmatrix} 2 & 0 \\ 0 & 7 \end{pmatrix} = \begin{pmatrix} 4+2 & 9+0 \\ 2+0 & 1+7 \end{pmatrix} = \begin{pmatrix} 6 & 9 \\ 2 & 8 \end{pmatrix}$$

$$\begin{pmatrix} 4 & 9 \\ 2 & 1 \end{pmatrix} - \begin{pmatrix} 2 & 0 \\ 0 & 1 \end{pmatrix} = \begin{pmatrix} 4-2 & 9-0 \\ 2-0 & 1-1 \end{pmatrix} = \begin{pmatrix} 2 & 9 \\ 2 & 0 \end{pmatrix}$$

3 スカラー倍

$$2 \begin{pmatrix} 4 & 3 \\ 3 & 1 \end{pmatrix} = \begin{pmatrix} 2 \times 4 & 2 \times 3 \\ 2 \times 3 & 2 \times 1 \end{pmatrix} = \begin{pmatrix} 8 & 6 \\ 6 & 2 \end{pmatrix}$$

【知っておきましょう】 スカラー

ここでの2のような数は,行列代数の用語では「スカラー」と呼ばれています。

---

4 行列の積

$$\begin{pmatrix} 1 & 2 \\ 3 & 4 \end{pmatrix} \begin{pmatrix} 5 & 6 \\ 7 & 8 \end{pmatrix} = \begin{pmatrix} 1 \times 5 + 2 \times 7 & 1 \times 6 + 2 \times 8 \\ 3 \times 5 + 4 \times 7 & 3 \times 6 + 4 \times 8 \end{pmatrix} = \begin{pmatrix} 19 & 22 \\ 43 & 50 \end{pmatrix}$$

⇩

例えば上記の19は,$u' = \begin{bmatrix} 1 & 2 \end{bmatrix}$とv $= \begin{pmatrix} 5 \\ 7 \end{pmatrix}$の積(内積)として求められています。

⇩

上記の行列の積は，（2×2）次元の行列と（2×2）次元の行列の積ですので，（2×2）次元の行列になります。一般的には，（m×n）次元の行列と（n×1）次元の行列の積は（m×1）次元の行列になります。

⇩

2つの行列AとBの積を求めることができるのは，Aの列次元［例えば，（m×n）次元のn］とBの行次元［(n×1)次元のn］が等しい場合だけです。

───【知っておきましょう】 ベクトルの内積───

2つの行列AとBの積を求めるときには，Aの列次元とBの行次元の一致が必要でした。しかし，「ベクトルの内積」では，行ベクトルと行ベクトル，列ベクトルと列ベクトル，行ベクトルと列ベクトルのいずれであっても，$u = (u_1, u_2, \cdots, u_n)$，$v = (v_1, v_2, \cdots, v_n)$ が与えられると，uとvの内積$u \cdot v$は，

$$u \cdot v = u_1 v_1 + u_2 v_2 + \cdots + u_n v_n$$

と定義されます。2つのベクトルの内積はつねにスカラー（数）です。

5　行列の割り算

行列を他の行列で割ることはできません。

⇩

したがって，$Ap = d$ について，$p = \dfrac{d}{A}$ でpを求めることはできません。

───【知っておきましょう】 線型連立方程式体系の解pについての解法───

$Ap = d$	（線型連立方程式体系の行列表示）
$A^{-1} Ap = A^{-1} d$	（両辺に前からAの逆行列A^{-1}を掛ける）
$Ip = A^{-1} d$	（$AA^{-1} = A^{-1}A = I$ですので）
$p = A^{-1} d$	（$pI = p$，$Ip = p$ですので）

V　ベクトルの演算

1　パレート最適とベクトル

(1) パレート基準とベクトル

「パレート基準」とは複数の要素をもつ経済状態の効率性を比較するための基準です。複数の要素をもつ経済状態は「ベクトル」によって示されます。

⇩（図11−2）

パレート基準では，AとBではBが優れており，AとCでは優劣を比較できません。

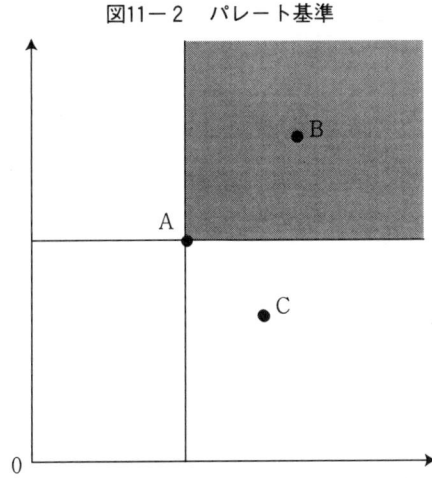

図11−2　パレート基準

(2) パレート改善

AからBへの移行は「パレート改善」と呼ばれています。

2　ベクトルの演算

(1) ベクトルの積

① m×1の列ベクトルと1×nの行ベクトルとから，m×n次元の積行列ができます。

② 1×nの行ベクトルとn×1の列ベクトルとから，1×1次元の積行列（1×1次元の積行列に対応するスカラー）ができます。このような積は「スカラー積」と呼ばれています。

(2) **ベクトル演算の図による解釈**（図11-3）

例示として，2次元空間を考えます。図中の点u，vあるいはそれらに対応する矢はベクトルの幾何学的表現です。

① ベクトルのスカラー積（図a）
② ベクトルのスカラー（-1）積（図b）
③ ベクトル和（図c）
④ ベクトル差（図d）

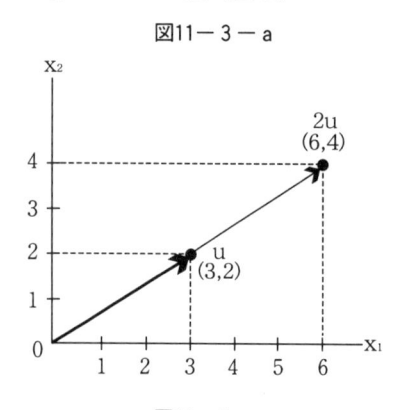

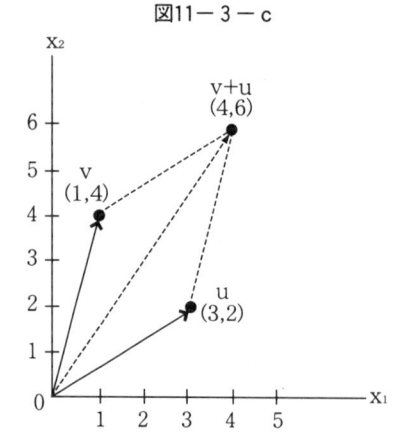

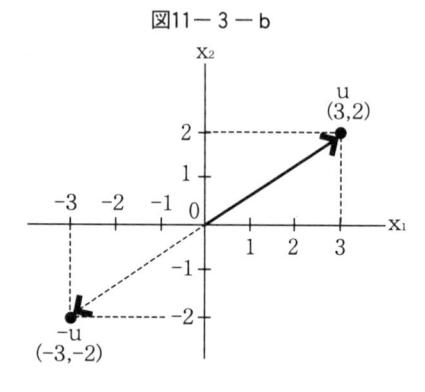

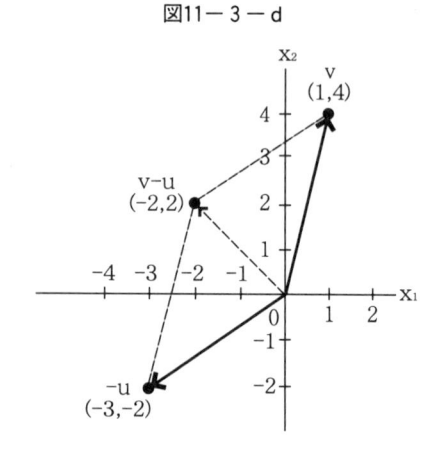

図11-3-a

図11-3-b

図11-3-c

図11-3-d

(3) ベクトルの1次結合

ベクトルの1次の和あるいは差は「ベクトルの1次結合」と呼ばれています。例えば，

$$2u + 3v = 2\begin{pmatrix}3\\1\end{pmatrix} + 3\begin{pmatrix}1\\2\end{pmatrix} = \begin{pmatrix}9\\8\end{pmatrix}$$

(4) 1次従属

ベクトル v_1, v_2, …, v_n は，それらのうちの1つが残りのベクトルの1次結合として表されるとき（そしてそのときのみ）「1次従属」と呼ばれます。そうでないときは「1次独立」と呼ばれます。

⇩

$v_1' = [3, 1]$, $v_2' = [1, 2]$, $v_3' = [9, 8]$ の3つの行ベクトルは，$2v_1' + 3v_2' = v_3'$ あるいは $2v_1' + 3v_2' - v_3' = 0'$ ですので1次従属です。ここで，$0' = [0, 0]$ は零の行ベクトルです。

⇩

2次元空間において，2つの1次独立なベクトル（u，v）が見つかれば，その空間における他のすべてのベクトルはu，vの1次結合として表すことができます。

(5) 2つのベクトル点の間の距離

2次元空間における2つのベクトル点 $u = (6, 4)$, $v = (3, 2)$ の間の距離 $d = d(u, v)$ は次のようにして求められます。

$$d = d(u, v) = \sqrt{(6-3)^2 + (4-2)^2} = \sqrt{13}$$

第12章 数理計画法

I 数理計画法

1 数理計画法

(1) 古典的最適化理論

　　Max $U=U(x_1, x_2)$ 　　（効用の最大化）
　　s.t. $P_1x_1+P_2x_2=E_0$ 　　（予算制約式）

ここで，

　　$U=$効用
　　$x_1, x_2=$第1, 2財の消費量
　　$P_1, P_2=$第1, 2財の価格
　　$E_0=$所得

(2) 数理計画法

　　Max $U=U(x_1, x_2)$ 　　（効用の最大化）
　　s.t. $P_1x_1+P_2x_2 \leqq E_0$ 　　（予算集合）
　　　⇩

「数理計画法」は不等式の形の制約式を取り扱っています。

──【知っておきましょう】　不等式制約──
　微積分学は不等式制約の問題を取り扱うことができません。

2　線型計画法と非線型計画法

(1) 線型計画法の例示

$\text{Max } U = U(x_1, x_2) = 40x_1 + 30x_2$　　（目的関数）

s.t.　$x_1 + 2x_2 \leq 24$　　（不等式制約）

$x_1 \leq 16$　　（不等式制約）

$x_2 \leq 8$　　（不等式制約）

$x_1, x_2 \geq 0$　　（非負制約）

⇩（線型）

目的関数および制約不等式はともに線型です。

⇩（可能領域と可能解：図12-1）

上記の3本の制約式と非負制約を図示したとき，それらの制約条件をすべて満たす（x_1, x_2）の集合は「可能領域」と呼ばれています。可能領域にある各点は「可能解」と呼ばれています。

⇩（境界線と端点：図12-1）

3本の境界線のうちの任意の2本の境界線（制約線）の交差点，または1本

図12-1　線型計画法

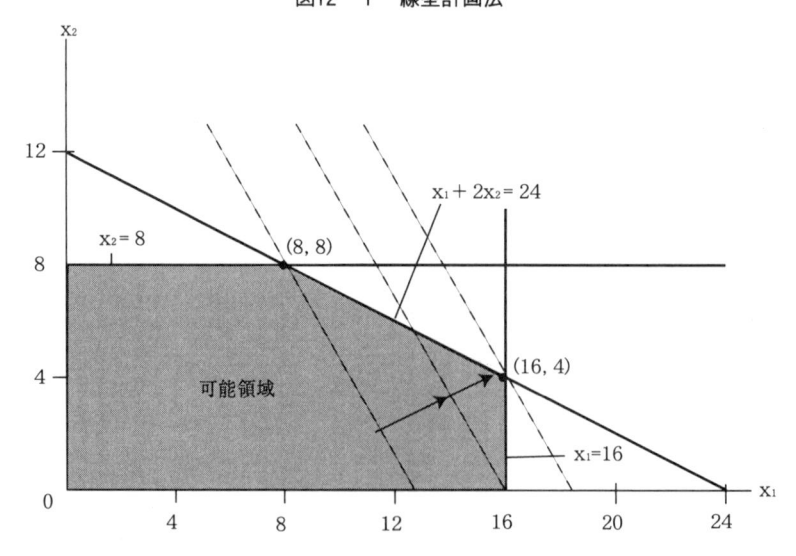

の境界線と縦軸・横軸との交差点は「端点」と呼ばれています。
　⇩
　古典的最適化問題は，微積分を使って最適点としての「接点」を求めています。線型計画法は最適点として「接触点」を求めています。接触点は境界線上の端点です。線型計画の最適解はつねに「端点」において見出すことができます。

---【知っておきましょう】　制約式の数と決定変数の数---
　上記の線型計画法では，制約式の数が決定変数（x_1, x_2）の数を上回っています。このことは古典的最適化問題では見られませんでした。これは，制約式が等式から不等式へ弱められ，満足しやすくなったことに起因しています。

---【知っておきましょう】　閉じた凸集合---
　線型計画の可能領域はつねに「閉じた凸集合」になっています。
　⇩
　①　「凸集合」とは，集合内のどんな2つの点を選んでも，その2点を結ぶ線分がその集合に含まれる集合のことです。
　②　「閉集合」とは，境界上の点をすべて含んでいる集合のことです。

(2)　非線型計画法の例示
　　　Max $U = U(x_1, x_2) = x_1^2 + (x_2 - 2)^2$　　　（目的関数）
　　　s.t.　$5x_1 + 3x_2 \leq 15$　　　　　　　　　（不等式制約）
　　　　　　$x_1, x_2 \geq 0$　　　　　　　　　　　（非負制約）
　⇩
　「非線型計画法」は非線型目的関数あるいは非線型の不等式制約を取り扱っています（☞線型 p.64）。

II 双対問題

1 主問題と双対問題

(1) 主問題が最大化問題であるケース

$$\text{Max} \quad \pi = c'x \quad \text{(目的関数)}$$
$$\text{s.t.} \quad Ax \leqq r \quad \text{(不等式制約)}$$
$$\quad x \geqq 0 \quad \text{(非負制約)}$$

⇩ (双対問題)

$$\text{Min} \quad \pi^* = r'y \quad \text{(目的関数)}$$
$$\text{s.t.} \quad A'y \geqq c \quad \text{(不等式制約)}$$
$$\quad y \geqq 0 \quad \text{(非負制約)}$$

(2) 主問題が最小化問題であるケース

$$\text{Min} \quad C = c'x \quad \text{(目的関数)}$$
$$\text{s.t.} \quad Ax \geqq r \quad \text{(不等式制約)}$$
$$\quad x \geqq 0 \quad \text{(非負制約)}$$

⇩ (双対問題)

$$\text{Max} \quad C^* = r'y \quad \text{(目的関数)}$$
$$\text{s.t.} \quad A'y \leqq c \quad \text{(不等式制約)}$$
$$\quad y \geqq 0 \quad \text{(非負制約)}$$

⇩ (上記で,A,c,r,x,yは行列です)

　与えられた元の線型計画は「主問題」,それに対応づけられる問題は「双対問題」と呼ばれています。

2 双対定理

　最適可能解が存在するならば,主問題と双対問題の目的関数の最適値は同じ値になります。上記の例証では,π の最大化値と π^* の最小化値は等しく,C の最小化値と C^* の最大化値は等しいという性質があります。

Ⅲ　クーン=タッカーの条件

1　極値のための1階の条件

(1) 古典的最適化問題の極値のための1階の条件

$\text{Max} \quad U = x_1 x_2 + 2 x_1$　　（目的関数）

$\text{s.t.} \quad 4 x_1 + 2 x_2 = 60$　　（制約条件）

⇩（「ラグランジュ関数」Z=…を作ります）

$Z = x_1 x_2 + 2 x_1 + \lambda (60 - 4 x_1 - 2 x_2)$　　（ラグランジュ関数）

$= Z(x_1, x_2, \lambda)$

ここで，λ=ラグランジュ（未定）乗数です。

⇩（Zの極値のための1階の条件）

$Z_1 \equiv \dfrac{\partial Z}{\partial x_1} = x_2 + 2 - 4 \lambda = 0$

$Z_2 \equiv \dfrac{\partial Z}{\partial x_2} = x_1 - 2 \lambda = 0$

$Z_\lambda \equiv \dfrac{\partial Z}{\partial \lambda} = 60 - 4 x_1 - 2 x_2 = 0$

(2) 非線型計画問題の極値のための1階の条件

　非線型計画問題の極値のための1階の条件は「クーン=タッカーの条件」と呼ばれています。

⇩

　古典的最適化問題の1階の条件はつねに小域あるいは大域極値のための必要条件です。他方，「クーン=タッカーの条件」はある前提条件が満たされていないと，必要条件として成立しません。しかし，ある特定の状況下では，十分条件になるし，また必要条件にさえなります。

2　クーン=タッカーの条件

　決定変数がn個，不等式制約がm個の非線型計画問題を取り上げます。

(1) 最大化問題のクーン＝タッカーの条件

$$\text{Max} \quad U = U(x_1, x_2, \cdots, x_n) \quad \text{(目的関数)}$$
$$\text{s.t.} \quad g^1(x_1, x_2, \cdots, x_n) \leq r_1 \quad \text{(不等式制約条件)}$$
$$g^2(x_1, x_2, \cdots, x_n) \leq r_2 \quad \text{(不等式制約条件)}$$
$$\cdots\cdots\cdots\cdots\cdots\cdots\cdots\cdots\cdots$$
$$g^m(x_1, x_2, \cdots, x_n) \leq r_m \quad \text{(不等式制約条件)}$$
$$x_1, x_2, \cdots, x_n \geq 0 \quad \text{(非負制約条件)}$$

⇩ (「ラグランジュ関数」 $Z = \cdots$ を作ります)

$$Z = U(x_1, x_2, \cdots, x_n) + \sum_{i=1}^{m} \lambda_i [r_i - g^i(x_1, x_2, \cdots, x_n)]$$

ここで，λ_i ＝ラグランジュ（未定）乗数です．

⇩ (クーン＝タッカーの条件)

$$\frac{\partial Z}{\partial x_j} \leq 0 \quad x_j \geq 0 \quad \text{および} \quad x_j\left(\frac{\partial Z}{\partial x_j}\right) = 0$$

$$\frac{\partial Z}{\partial \lambda_i} \geq 0 \quad \lambda_i \geq 0 \quad \text{および} \quad \lambda_i\left(\frac{\partial Z}{\partial \lambda_i}\right) = 0$$

$$(i = 1, 2, \cdots, m)$$
$$(j = 1, 2, \cdots, n)$$

(2) 最小化問題のクーン＝タッカーの条件

$$\text{Min} \quad U = U(x_1, x_2, \cdots, x_n) \quad \text{(目的関数)}$$
$$\text{s.t.} \quad g^1(x_1, x_2, \cdots, x_n) \geq r_1 \quad \text{(不等式制約条件)}$$
$$g^2(x_1, x_2, \cdots, x_n) \geq r_2 \quad \text{(不等式制約条件)}$$
$$\cdots\cdots\cdots\cdots\cdots\cdots\cdots\cdots\cdots$$
$$g^m(x_1, x_2, \cdots, x_n) \geq r_m \quad \text{(不等式制約条件)}$$
$$x_1, x_2, \cdots, x_n \geq 0 \quad \text{(非負制約条件)}$$

⇩ (「ラグランジュ関数」 $Z = \cdots$ を作ります)

$$Z = U(x_1, x_2, \cdots, x_n) + \sum_{i=1}^{m} \lambda_i [r_i - g^i(x_1, x_2, \cdots, x_n)]$$

ここで，λ_i ＝ラグランジュ（未定）乗数です．

⇩ (クーン＝タッカーの条件)

$$\frac{\partial Z}{\partial x_j} \geq 0 \quad x_j \geq 0 \quad \text{および} \quad x_j\left(\frac{\partial Z}{\partial x_j}\right) = 0$$

$\dfrac{\partial Z}{\partial \lambda_i} \leq 0 \quad \lambda_i \geq 0 \quad$ および $\quad \lambda_i \left(\dfrac{\partial Z}{\partial \lambda_i} \right) = 0$

$(i = 1, 2, \cdots, m)$

$(j = 1, 2, \cdots, n)$

―【知っておきましょう】――

$\dfrac{\partial Z}{\partial x_j} \geq 0$, $\dfrac{\partial Z}{\partial \lambda_i} \leq 0$ は「限界条件」, $x_j \geq 0$, $\lambda_i \geq 0$ は「非負条件」, $x_j \left(\dfrac{\partial Z}{\partial x_j} \right) = 0$, $\lambda_i \left(\dfrac{\partial Z}{\partial \lambda_i} \right) = 0$ は「余裕相補性条件」とそれぞれ呼ばれています。

―【練習問題】――

次の非線型計画問題のクーン＝タッカーの条件を求めましょう。

Min $U = (x_1 - 4)^2 + (x_2 - 4)^2$ （目的関数）

s.t. $2x_1 + 3x_2 \geq 6$ （不等式制約条件）

$-3x_1 - 2x_2 \geq -12$ （不等式制約条件）

$x_1, x_2 \geq 0$ （非負制約条件）

答 $\dfrac{\partial Z}{\partial x_1} = 2(x_1 - 4) - 2\lambda_1 + 3\lambda_2 \geq 0$

$\dfrac{\partial Z}{\partial x_2} = 2(x_2 - 4) - 3\lambda_1 + 2\lambda_2 \geq 0$

$x_1, x_2 \geq 0$

$x_1 \left(\dfrac{\partial Z}{\partial x_1} \right) = 0$

$x_2 \left(\dfrac{\partial Z}{\partial x_2} \right) = 0$

$\dfrac{\partial Z}{\partial \lambda_1} = 6 - 2x_1 - 3x_2 \leq 0$

$\dfrac{\partial Z}{\partial \lambda_2} = -12 + 3x_1 + 2x_2 \leq 0$

$\lambda_1, \lambda_2 \geq 0$

$\lambda_1 \left(\dfrac{\partial Z}{\partial \lambda_1} \right) = 0$

$\lambda_2 \left(\dfrac{\partial Z}{\partial \lambda_2} \right) = 0$

第 3 部

マクロ経済学のための基礎数学

第13章 行列と行列式

I 産業連関表と連立方程式体系

1 産業連関表

ある国民経済に2つの産業しかないものと仮定します。第1,2産業がそれぞれ1種類だけの財貨・サービスを産出している国民経済を考えます。

⇩（表13-1は単純化された産業連関表を示しています）

X_{ij}＝第 j 産業の生産活動のために投入された第 i 産業の財貨・サービス額（i, j＝1, 2）

$X_i(＝X_{i\cdot})$＝第 i 産業の産出額

$X_j(＝X_{\cdot j})$＝第 j 産業の産出額

$F_i＝F_{i\cdot}$＝第 i 産業の財貨・サービスに対する最終需要

$V_j＝V_{\cdot j}$＝第 j 産業の粗付加価値

⇩（表13-1を横（販路構成），縦（費用構成）に見ます）

表13-1 産業連関表

		中間需要		最終需要	産出額
		第1産業	第2産業		
中間投入	第1産業	X_{11}	X_{12}	$F_{1\cdot}$	$X_{1\cdot}$
	第2産業	X_{21}	X_{22}	$F_{2\cdot}$	$X_{2\cdot}$
粗付加価値		$V_{\cdot 1}$	$V_{\cdot 2}$		
産出額		$X_{\cdot 1}$	$X_{\cdot 2}$		

(1) 販路構成

横欄(行)に沿って見れば，各産業の産出額の販路構成を知ることができます。

⇩

中間需要(X_{ij})＋最終需要$(F_{i\cdot})$＝産出額$(X_{i\cdot})$

⇩（表13－1を横に見ます）

$(X_{11}＋X_{12})＋F_1＝X_{1\cdot}$　（第1産業）

$(X_{21}＋X_{22})＋F_2＝X_{2\cdot}$　（第2産業）

(2) 費用構成

縦欄(列)に沿って見れば，各産業の産出額の費用構成を知ることができます。

⇩

中間投入(X_{ij})＋粗付加価値$(V_{\cdot j})$＝産出額$(X_{\cdot j})$

⇩（表13－1を縦に見ます）

$(X_{11}＋X_{21})＋V_1＝X_{\cdot 1}$　（第1産業）

$(X_{12}＋X_{22})＋V_2＝X_{\cdot 2}$　（第2産業）

2 投入係数

縦欄(列)より，各産業間の技術的依存関係を知ることができます。

⇩

(1) 投入係数 $\left(a_{ij}=\dfrac{X_{ij}}{X_{\cdot j}}\right)$

「投入係数」とは，第 j 産業の財貨・サービス1単位の産出のために投入された第 i 産業の財貨・サービスの大きさのことです。

(2) 投入係数行列（表13－1を縦に見て）

$$A=\begin{pmatrix} \dfrac{X_{11}}{X_{\cdot 1}} & \dfrac{X_{12}}{X_{\cdot 2}} \\ \dfrac{X_{21}}{X_{\cdot 1}} & \dfrac{X_{22}}{X_{\cdot 2}} \end{pmatrix}=\begin{pmatrix} a_{11} & a_{12} \\ a_{21} & a_{22} \end{pmatrix}$$

⇩

Aにおける各列和（$a_{11}＋a_{21}$，$a_{12}＋a_{22}$）は1より小さいことに注意しましょう。

(3) 逆行列係数（表13－1を横に見て）

$X_{11} + X_{12} + F_1 = X_1$ 　（第1産業の販路構成）

$X_{21} + X_{22} + F_2 = X_2$ 　（第2産業の販路構成）

⇩

$(\dfrac{X_{11}}{X_1}) X_1 + (\dfrac{X_{12}}{X_2}) X_2 + F_1 = X_1$

$(\dfrac{X_{21}}{X_1}) X_1 + (\dfrac{X_{22}}{X_2}) X_2 + F_2 = X_2$

⇩（投入係数を用いて，書き換えます）

$a_{11} X_1 + a_{12} X_2 + F_1 = X_1$

$a_{21} X_1 + a_{22} X_2 + F_2 = X_2$

⇩（整理します）

$(1 - a_{11}) X_1 - a_{12} X_2 = F_1$

$- a_{21} X_1 + (1 - a_{22}) X_2 = F_2$

3　産業連関表と連立方程式体系

かくて，表13－1の産業連関表は，

$(1 - a_{11}) X_1 - a_{12} X_2 = F_1$

$- a_{21} X_1 + (1 - a_{22}) X_2 = F_2$

といった連立方程式体系として書くことができます。

⇩

上記の連立方程式体系は行列表示で次のように書くことができます。

$BX = F$

ここで，$B = I - A$であり，

$B = \begin{pmatrix} (1 - a_{11}) & - a_{12} \\ - a_{21} & (1 - a_{22}) \end{pmatrix}$, $X = \begin{pmatrix} X_1 \\ X_2 \end{pmatrix}$, $F = \begin{pmatrix} F_1 \\ F_2 \end{pmatrix}$

⇩

Bは係数行列（「技術行列」）と呼ばれています（☞$BX = F$の解については p.183）。

---【知っておきましょう】 レオンティエフの開放投入産出体系---
（I－A）X＝Fはレオンティエフの「開放投入産出体系」と呼ばれています。

II 行　列　式

1　正方行列Bの行列式

正方行列Bは括弧によって囲まれていますが，Bの行列式は縦線によって囲まれ，｜B｜によって表されます。

⇩（Bの行列式の定義）

$$|B| = \begin{vmatrix} (1-a_{11}) & -a_{12} \\ -a_{21} & (1-a_{22}) \end{vmatrix}$$
$$= (1-a_{11}) \times (1-a_{22}) - (-a_{21}) \times (-a_{12}) \quad (=スカラー)$$

⇩

行列式はスカラー（数値）であり，正方行列に関してのみ定義されます。

(1)　2次の行列式（2×2の行列Cの行列式）

$$|C| = \begin{vmatrix} c_{11} & c_{12} \\ c_{21} & c_{22} \end{vmatrix} = c_{11} \times c_{22} - c_{21} \times c_{12} \quad (=スカラー)$$

⇩

例えば，

$$|C| = \begin{vmatrix} 10 & 4 \\ 8 & 5 \end{vmatrix} = 10 \times 5 - 8 \times 4 = 18$$

(2)　3次の行列式（3×3の行列Dの行列式）（図13－1）

$$|D| = \begin{vmatrix} d_{11} & d_{12} & d_{13} \\ d_{21} & d_{22} & d_{23} \\ d_{31} & d_{32} & d_{33} \end{vmatrix}$$

$$= d_{11} \begin{vmatrix} d_{22} & d_{23} \\ d_{32} & d_{33} \end{vmatrix} - d_{12} \begin{vmatrix} d_{21} & d_{23} \\ d_{31} & d_{33} \end{vmatrix} + d_{13} \begin{vmatrix} d_{21} & d_{22} \\ d_{31} & d_{32} \end{vmatrix}$$

$$= d_{11}(d_{22}d_{33} - d_{32}d_{23}) - d_{12}(d_{21}d_{33} - d_{31}d_{23})$$
$$+ d_{13}(d_{21}d_{32} - d_{31}d_{22}) \quad (=スカラー)$$

⇩ （図13−1を用いますと，上記のことが簡単にわかります）

① 正の符号をもっているもの（図13−1の実線部分）

$+ d_{11}d_{22}d_{33}$

$+ d_{12}d_{23}d_{31}(d_{12}d_{31}d_{23})$

$+ d_{13}d_{32}d_{21}(d_{13}d_{21}d_{32})$

② 負の符号をもっているもの（図13−1の点線部分）

$- d_{11}d_{32}d_{23}$

$- d_{12}d_{21}d_{33}(d_{12}d_{21}d_{33})$

$- d_{13}d_{22}d_{31}(d_{13}d_{31}d_{22})$

図13−1　3×3の行列　Dの行列式

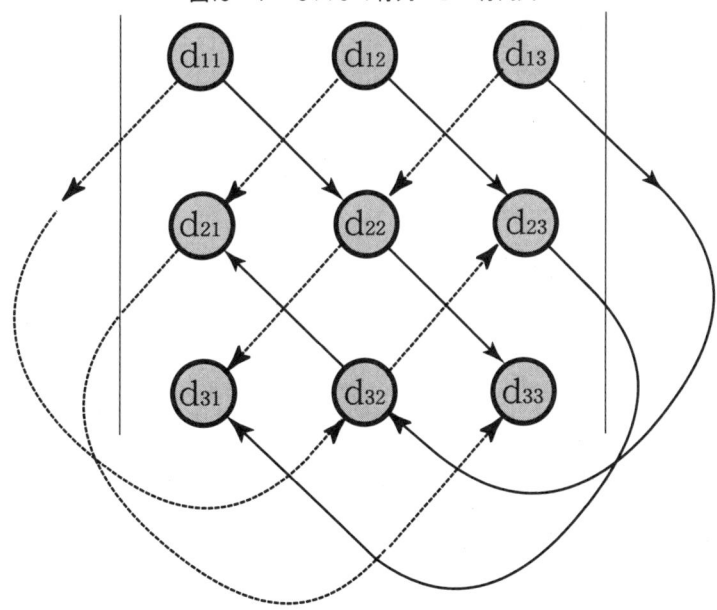

―【知っておきましょう】 行列式のラプラス展開―

$$|D| = \begin{vmatrix} d_{11} & d_{12} & d_{13} \\ d_{21} & d_{22} & d_{23} \\ d_{31} & d_{32} & d_{33} \end{vmatrix}$$

$$= d_{11} \begin{vmatrix} d_{22} & d_{23} \\ d_{32} & d_{33} \end{vmatrix} - d_{12} \begin{vmatrix} d_{21} & d_{23} \\ d_{31} & d_{33} \end{vmatrix} + d_{13} \begin{vmatrix} d_{21} & d_{22} \\ d_{31} & d_{32} \end{vmatrix}$$

のように，3次の行列式を2次の行列式（より低い次元の行列式）で表す方法は「行列式のラプラス展開」と呼ばれています。

⇩

上記の3個の2次行列式は明確な法則によって決定されています。

$$|M_{11}| \equiv \begin{vmatrix} d_{22} & d_{23} \\ d_{32} & d_{33} \end{vmatrix}, \quad |M_{12}| \equiv \begin{vmatrix} d_{21} & d_{23} \\ d_{31} & d_{33} \end{vmatrix}$$

$$|M_{13}| \equiv \begin{vmatrix} d_{21} & d_{22} \\ d_{31} & d_{32} \end{vmatrix}$$

はそれぞれ要素 d_{11}, d_{12}, d_{13} の「小行列式」と呼ばれています。一般的には，$|M_{ij}|$ は $|A|$ の i 番目の行と j 番目の列とを取り除くことによって得られる小行列式です。

⇩

$$|D| = d_{11}|M_{11}| - d_{12}|M_{12}| + d_{13}|M_{13}|$$
$$= d_{11}|C_{11}| + d_{12}|C_{12}| + d_{13}|C_{13}|$$

ここで，$|C_{11}|$, $|C_{12}|$, $|C_{13}|$ は「余因子」と呼ばれています。一般的には，$|C_{ij}| \equiv (-1)^{i+j}|M_{ij}|$ です。

―【知っておきましょう】―

他要素の余因子によって行列式を展開すればつねにゼロになります。例えば，

$$|D| = d_{11}|C_{21}| + d_{12}|C_{22}| + d_{13}|C_{23}| = 0$$

2　行列式の5つの性質

(1) 行と列の交換は行列式の値に影響しません（｜A｜＝｜A′｜）。

$$\begin{vmatrix} 4 & 3 \\ 5 & 6 \end{vmatrix} = \begin{vmatrix} 4 & 5 \\ 3 & 6 \end{vmatrix}$$

(2) 任意の2つの行（あるいは2つの列）を交換すれば，行列式の符号は変わりますが，数値は変わりません。

$$\begin{vmatrix} 4 & 3 \\ 5 & 6 \end{vmatrix} = 9$$

$$\begin{vmatrix} 5 & 6 \\ 4 & 3 \end{vmatrix} = -9$$

(3) 任意の1つの行（あるいは1つの列）をスカラーk倍すれば，行列式の値はk倍になります。

$$\begin{vmatrix} 4 & 3 \\ 2\times 5 & 2\times 6 \end{vmatrix} = 2 \times 9$$

⇩

逆を言えば，ある行または列が共通の約数をもつときは，その数は行列式の外へ出すことができます。

$$\begin{vmatrix} 4 & 3 \\ 2\times 5 & 2\times 6 \end{vmatrix} = 2 \begin{vmatrix} 4 & 3 \\ 5 & 6 \end{vmatrix}$$

(4) 任意の行を何倍かしたものを他の行に加えても（から引いても）行列式の値は変わりません。列についても同じです。

$$\begin{vmatrix} 4 & 3 \\ 5+2\times 4 & 6+2\times 3 \end{vmatrix} = \begin{vmatrix} 4 & 3 \\ 5 & 6 \end{vmatrix}$$

(5) ある行（または列）が他の行（または列）の倍数ならば，行列式の値はゼロです。したがって，2つの行（または列）が同じであるならば，行列式の値はゼロです。

$$\begin{vmatrix} 2\times 4 & 2\times 3 \\ 4 & 3 \end{vmatrix} = 0 \qquad \begin{vmatrix} 4 & 3 \\ 4 & 3 \end{vmatrix} = 0$$

⇩

上記の5つの性質を用いて,ある行や列を0や1を含む形にすることができるならば,行列式のラプラス展開は簡単になります。

Ⅲ　行列式による非特異性の判定

1　行列の「非特異性」の意味

表13-1の産業連関表から求められた,

$(1 - a_{11})X_1 - a_{12}X_2 = F_1$

$-a_{21}X_1 + (1 - a_{22})X_2 = F_2$

のような線型方程式体系は,係数行列 $\begin{pmatrix} (1-a_{11}) & -a_{12} \\ -a_{21} & (1-a_{22}) \end{pmatrix}$ の逆行列を求めることによって解くことができます。

⇩

しかし,まず逆行列がそもそも存在するか否かを確認する必要があります。正方行列Bが逆行列をもつならば,Bは「非特異行列」,もたなければ「特異行列」と言われます(☞p.155)。

2　行列が「非特異性」をもつための必要十分条件

非特異性のための必要十分条件は次の2つです。

(1)　正　方　性

行列が正方であること

(2)　1次独立性

行(同じことですが,列)が1次独立であること

⇩

非特異性のための必要十分条件(正方性と1次独立性)は線型連立方程式体系が一意の解をもつための条件です(☞p.150)。

3　行列式による非特異性の判定

行列式を用いて，係数行列 $B = \begin{pmatrix} (1-a_{11}) & -a_{12} \\ -a_{21} & (1-a_{22}) \end{pmatrix}$ が非特異かどうかを確かめることができます。

⇩

線型方程式体系 $BX = F$ の係数行列 B の行列式 $|B|$ を考えます。

$|B| \neq 0$ は次のことと同じ（同値）です。

① B は非特異です（☞ p.155）。
② B における各行（列）は1次独立です（☞ p.155）。
③ B の逆行列 B^{-1} が存在します（☞ p.155）。
④ 一意の解 $X = B^{-1}F$ が存在します（☞ p.155）。

⇩

すなわち，係数行列 B の行列式 $|B|$ を求め，$|B| \neq 0$ であれば，B は非特異行列です。

Ⅳ　逆行列の求め方

1　3次の非特異行列（D）の逆行列の求め方

(1)　3次の非特異行列（D）の余因子行列（adj D）

$$D = \begin{pmatrix} d_{11} & d_{12} & d_{13} \\ d_{21} & d_{22} & d_{23} \\ d_{31} & d_{32} & d_{33} \end{pmatrix}$$

⇩

行列 D の各要素は余因子 $|C_{ij}|$ をもっています。各要素 d_{ij} をその余因子 $|C_{ij}|$ でおきかえた行列 C を考えます。

$C = |C_{ij}|$

⇩（行列 D の余因子行列（adj D）の定義）

$$\mathrm{adj}\ D \equiv C' \equiv \begin{pmatrix} |C_{11}| & |C_{21}| & |C_{31}| \\ |C_{12}| & |C_{22}| & |C_{32}| \\ |C_{13}| & |C_{23}| & |C_{33}| \end{pmatrix}$$

(2) 3次の非特異行列（D）の逆行列の計算方法

$$D^{-1} = \left(\frac{1}{|D|}\right) \mathrm{adj}\ D \quad (\text{逆行列の計算方法})$$

2　2次の非特異行列（B）の逆行列の求め方

(1) 2次の非特異行列（B）の余因子行列（adj B）

$$B = \begin{pmatrix} (1-a_{11}) & -a_{12} \\ -a_{21} & (1-a_{22}) \end{pmatrix} \quad (BX = F の係数行列)$$

⇩

行列Bの各要素は余因子$|C_{ij}|$をもっています。各要素をその余因子$|C_{ij}|$でおきかえた行列Cを考えます。

$$C = |C_{ij}|$$

　　⇩（行列Bの余因子行列（adj B）の定義）

$$\mathrm{adj}\ B \equiv C' \equiv \begin{pmatrix} |C_{11}| & |C_{21}| \\ |C_{12}| & |C_{22}| \end{pmatrix}$$

$$= \begin{pmatrix} (1-a_{22}) & a_{12} \\ a_{21} & (1-a_{11}) \end{pmatrix}$$

⇩

他方，次のように，adj Bを行列Bから直接に求めることもできます。すなわち，

① 主対角要素を入れ替えます（$(1-a_{11})$と$(1-a_{22})$の入れ替え）。

② その他の項目にマイナス符号をつけます（$-(-a_{12})$, $-(-a_{21})$）。

(2) 2次の非特異行列（B）の逆行列の計算方法

$$B^{-1} = \left(\frac{1}{|B|}\right) \mathrm{adj}\ B \quad (\text{逆行列の計算方法})$$

⇩

$$B^{-1} = \begin{pmatrix} \dfrac{1-a_{22}}{|B|} & \dfrac{a_{12}}{|B|} \\ \dfrac{a_{21}}{|B|} & \dfrac{1-a_{11}}{|B|} \end{pmatrix}$$

ただし，$|B| = (1-a_{11})(1-a_{22}) - a_{21}a_{12}$

【練習問題】

$B = \begin{pmatrix} 3 & 2 \\ 1 & 0 \end{pmatrix}$ の逆行列を求めましょう。

答　$B^{-1} = \begin{pmatrix} 0 & 1 \\ \dfrac{1}{2} & -\dfrac{3}{2} \end{pmatrix}$

---

(3) 連立方程式体系（産業連関表）BX＝Fの解の計算方法

$$X = \begin{pmatrix} X_1 \\ X_2 \end{pmatrix} = B^{-1} \begin{pmatrix} F_1 \\ F_2 \end{pmatrix}$$

$$= \begin{pmatrix} \dfrac{1-a_{22}}{|B|} & \dfrac{a_{12}}{|B|} \\ \dfrac{a_{21}}{|B|} & \dfrac{1-a_{11}}{|B|} \end{pmatrix} \begin{pmatrix} F_1 \\ F_2 \end{pmatrix}$$

$$= \begin{pmatrix} d_{11} & d_{12} \\ d_{21} & d_{22} \end{pmatrix} \begin{pmatrix} F_1 \\ F_2 \end{pmatrix}$$

⇩（レオンティエフの逆行列）

　行列代数を用いて2元連立1次方程式を解くことができました。B^{-1}は「レオンティエフの逆行列」と呼ばれています。レオンティエフの逆行列係数 d_{ij} は第 j 産業の最終需要が1単位増加した場合，第 i 産業の産出額がどれだけ増加するかを示しています。

V　クラーメルの公式

　「クラーメルの公式」は線型方程式体系BX＝Fを解くための便利で，実際的な公式です。

⇩

例示のために，次の連立方程式体系を考えます。

$$7X_1 - X_2 - X_3 = 0$$
$$10X_1 - 2X_2 + X_3 = 8$$
$$6X_1 + 3X_2 - 2X_3 = 7$$

⇩

上記の連立方程式体系をBX＝Fの形で行列表示します。

$$\begin{pmatrix} 7 & -1 & -1 \\ 10 & -2 & 1 \\ 6 & 3 & -2 \end{pmatrix} \begin{pmatrix} X_1 \\ X_2 \\ X_3 \end{pmatrix} = \begin{pmatrix} 0 \\ 8 \\ 7 \end{pmatrix}$$

⇩

X_j^*＝第j番目の変数の解を求めるための手順は次のとおりです。

(1) 行列式｜B｜の第j列を定数項0，8，7で置き換えて，新しい行列式｜B_j｜を求めます。

(2) 「クラーメルの公式」$X_j^* = \dfrac{|B_j|}{|B|}$ を用いて，線型方程式体系BX＝Fの解X_j^*を求めます。すなわち，

$$X_1^* = \frac{\begin{vmatrix} 0 & -1 & -1 \\ 8 & -2 & 1 \\ 7 & 3 & -2 \end{vmatrix}}{\begin{vmatrix} 7 & -1 & -1 \\ 10 & -2 & 1 \\ 6 & 3 & -2 \end{vmatrix}} = 1$$

$$X_2^* = \frac{\begin{vmatrix} 7 & 0 & -1 \\ 10 & 8 & 1 \\ 6 & 7 & -2 \end{vmatrix}}{\begin{vmatrix} 7 & -1 & -1 \\ 10 & -2 & 1 \\ 6 & 3 & -2 \end{vmatrix}} = 3$$

$$X_3{}^* = \frac{\begin{vmatrix} 7 & -1 & 0 \\ 10 & -2 & 8 \\ 6 & 3 & 7 \end{vmatrix}}{\begin{vmatrix} 7 & -1 & -1 \\ 10 & -2 & 1 \\ 6 & 3 & -2 \end{vmatrix}} = 4$$

⇩

$|B| \neq 0$ はクラーメルの公式を適用するための必要条件です。クラーメルの公式を用いれば，逆行列を求めることなしに，線型方程式体系の解を求めることができます。

【練習問題】

クラーメルの公式を用いて，次の方程式体系の解を求めましょう。

$5X_1 + 3X_2 = 30$

$6X_1 - 2X_2 = 8$

答　$X_1{}^* = 3$

$X_2{}^* = 5$

【知っておきましょう】　同次方程式体系と同次

線型方程式体系 $BX = F$ の列ベクトル F が 0 (ゼロ) ベクトルであるとき，すなわち，$BX = 0$ であるとき，それは「同次方程式体系」と呼ばれています。「同次」は，変数 X_1，X_2，X_3，…のすべてに同じ数を掛けたとき，その方程式体系がやはり妥当するという性質を表しています。これは定数項がすべてゼロのときにのみ可能です。

─**【より高度な学習のために】** 同次方程式体系の解─

同次方程式体系 $BX=0$ は，

(1) もし行列 B が非特異（$|B|\neq 0$）ならば，「自明解」すなわち $X_1=X_2=\cdots=0$ しかもちません。

$X=B^{-1}0=0$ 　　　　　　　　（逆行列による解法）

$X=\dfrac{|B_j|}{|B|}=\dfrac{0}{|B|}=0$ 　　　（クラーメルの公式による解法）

(2) もし行列 B が非特異（$|B|=0$）ならば，

$X=\dfrac{|B_j|}{|B|}=\dfrac{0}{0}$

　　⇩（$|B|=0$ ですので，クラーメルの公式は適用できません）

$\dfrac{0}{0}$ はゼロではありません。これは解がないことを意味するものではなく，一意の非自明解が得られないことを意味するにすぎません。

第 4 部

経済動学のための基礎数学

第14章　経済動学と積分法

I　動学と積分法

1　動学の分析目的
① 経済変数の時間経路を追跡研究します。
② 経済変数がある均衡値に収束する傾向があるかどうかを研究します。

──【知っておきましょう】　静学分析と比較静学分析──
　静学・比較静学分析においては，経済の調整過程は必然的に均衡に到達するものと仮定されています。

2　動学分析の特徴
変数の日付けをしています。
　　　　⇩
時間に対する考慮は2つの方法で行われています。

(1)　時間を連続変数とみなします。
　変数は各時点で，連続的に変化します。連続型時間の分析には積分法と微分方程式を用います。

(2)　時間を離散変数とみなします。
　変数はある期間内において1度だけ変化します。離散型時間の分析には差分方程式を用います。

―――【知っておきましょう】 連続型時間と離散型時間―――――
　　連続型時間は離散型時間の極限値です。

3　経済動学の本質

　経済動学の本質は，変数の変化の型が与えられたときに，変数の時間経路を示す関数を求めることです。関数を求める過程では，1つまたはそれ以上の任意の定数が現れますが，初期条件が与えられれば，これらの定数を確定できます。

　　　　⇩（例示）

　経済動学の問題は，変数Hの「変化の型」（例えば$\frac{dH}{dt} = t^{-\frac{1}{2}}$）に対応する「時間経路」を示す関数H＝H(t)を求めることです。

　　　　⇩（微分と積分）

　「微分」は，原始関数H＝H(t)から導関数$\frac{dH}{dt}$を求めることでしたが，上記の経済動学の問題は導関数$\frac{dH}{dt}$から原始関数H＝H(t)を求めるものです。その方法は，微分とはまったく正反対で，「積分」あるいは「積分法」と呼ばれています。

　　　　⇩（任意の定数）

　$\frac{dH}{dt} = t^{-\frac{1}{2}}$はH＝H(t)＝$2t^{\frac{1}{2}}+c$（c＝任意の定数）の導関数ですので，何らかの方法で任意の定数cの値を定めないと，一意的な「時間経路」を決定することはできません。

　　　　⇩（任意の定数と初期条件）

　任意の定数cの値を確定するための追加的情報として，「初期条件」あるいは「境界条件」が用いられます。例えば，時点t＝0（初期時点）におけるHが50であるならば，50＝$2 \times 0^{\frac{1}{2}}+c$ですのでc＝50を得ることができます。かくて，H＝H(t)＝$2t^{\frac{1}{2}}+50$が求めるべき変数Hの時間経路です。それが動学モデルの解であり，Hの時間を通じての全経路を示しています。

──【知っておきましょう】 積分法と微分方程式──
　導関数から原始関数を求める問題が簡単なものであれば積分法で解けますが，複雑なときは「微分方程式」を用います。微分方程式とは，微分あるいは導関数を含む方程式のことで，上記の $\dfrac{dH}{dt} = t^{-\frac{1}{2}}$ は微分方程式の一例で，したがって，$H = H(t) = 2t^{\frac{1}{2}} + 50$ はこの微分方程式の解なのです。

II　不 定 積 分

1　微分と積分

(1) 微　　分
　「$\dfrac{dF(x)}{dx} = F'(x)$」の代わりに「$\dfrac{dF(x)}{dx} = f(x)$」と書くことにします。ここで，$F(x)$ は原始関数，$f(x)$ は導関数と呼ばれています。

　　　⇩

　「微分」は原始関数から導関数を求めることです。

(2) 積　　分
　「積分」は微分の逆の演算です。すなわち，導関数から原始関数を求めることです。

　　　⇩

　① 微分：$F(x) - (微分) \to f(x)$
　② 積分：$f(x) - (積分) \to F(x) + c$　　（$c =$ 任意の積分定数）
　　　関数 $F(x)$ は関数 $f(x)$ の積分（あるいは逆導関数）と呼ばれています。

──【知っておきましょう】 積分と積分定数──
　積分の過程で現れる任意の定数（上記では c）は「積分定数」と呼ばれています。

　　　⇩（積分記号 ∫）

上記の積分は，$\int f(x)dx = F(x)+c$ と書くことができます。それは「$f(x)$ の x に関する積分は $F(x)+c$ です。」と読まれています。$\int$ は積分記号と呼ばれ，和の意味です。$\int$ はインテグラルと読まれます。

　　　　⇩（不定積分）

$\int f(x)dx$ は x の関数であり，確定的な数値をとらないので，「不定積分」と呼ばれています。

2　積分の7つの法則

① $\int x^n dx = \left(\dfrac{1}{n+1}\right)x^{n+1} + c$　　$(n \neq -1)$

──【知っておきましょう】──────────────
　積分結果が正しいかどうかは微分によって確かめることができます。すなわち，上記では，$\left(\dfrac{1}{n+1}\right)x^{n+1}+c$ を微分したものが x^n になることを確認すればよいのです。
─────────────────────────────

② $\int e^x dx = e^x + c$

③ $\int \left(\dfrac{1}{x}\right)dx = \ln x + c$　　$(x > 0)$

──【知っておきましょう】──────────────
　上記は $\int \left(\dfrac{1}{x}\right)dx = \ln |x| + c$　$(x \neq 0)$ と書くこともできます。
─────────────────────────────

④ $\int \{f(x)+g(x)\}dx = \int f(x)dx + \int g(x)dx$

⑤ $\int kf(x)dx = k\int f(x)dx$　　（k は定数）

⑥ $\int f(u)\left(\dfrac{du}{dx}\right)dx = \int f(u)du = F(u) + c$　　（鎖法則）

⑦ $\int v\,du = uv - \int u\,dv$　　（部分積分）

―【練習問題】――――――――――――――――――――――――
　限界貯蓄性向（$\frac{dS}{dY}$）が，$\frac{dS}{dY}=0.3-0.1Y^{-\frac{1}{2}}$であり，Yが81のとき貯蓄（S）が0であるとします。貯蓄関数を求めましょう。
　答　$S=S(Y)=\int(0.3-0.1Y^{-\frac{1}{2}})dY=0.3Y-0.2Y^{\frac{1}{2}}+c$であり，Y＝81のとき，S＝0より，c＝－22.5が得られます。かくて，$S=0.3Y-0.2Y^{\frac{1}{2}}-22.5$
――――――――――――――――――――――――――――――

―【練習問題】――――――――――――――――――――――――
　投資が$I=I(t)=3t^{\frac{1}{2}}$，初期資本ストックがK(0)であるとします。Kの時間経路を求めましょう。
　答　$K=K(t)=\int I(t)dt=\int 3t^{\frac{1}{2}}dt=2t^{\frac{3}{2}}+c$であり，K(0)＝cより，$K=2t^{\frac{3}{2}}+K(0)$
――――――――――――――――――――――――――――――

―【知っておきましょう】　ドット（○）の記号―――――――――
　ある変数の時間に関する導関数はしばしば，$I\equiv\overset{\circ}{K}\equiv\frac{dK}{dt}$のように，変数の上にドット（○）をつけて示されます。投資Iはフロー概念，資本Kはストック概念です。I(t)は各時点に行われる投資の年当たり（あるいは1期間当たり）率です。投資の量（資本蓄積）を求めるには，投資が行われた期間の長さを明確にしなければなりません。
　すなわち，$dK\equiv I(t)dt$です。K(t)は各時点に存在するKの量です。
――――――――――――――――――――――――――――――

Ⅲ　定　積　分

1　不定積分と定積分

(1)　不　定　積　分

　$\int f(x)dx$はxの関数であり，定まった数値をとらないので，「不定積分」と呼ばれています。

(2) 定 積 分

$$\int_a^b f(x)dx = [F(x)]_a^b$$
$$= \{F(b)+c\} - \{F(a)+c\} = F(b) - F(a)$$

は確定した数値をもつことから,「定積分」と呼ばれています。

⇩ (積分の下限と積分の上限)

$\int_a^b f(x)dx$ は「$f(x)$ の x に関する a から b までの定積分」と読まれます。a, b ($a<b$) はそれぞれ「積分の下限」,「積分の上限」と呼ばれています。

【練習問題】

$\int_1^5 3x^2 dx$ を求めましょう。

答 $\int_1^5 3x^2 dx = [x^3]_1^5 = 5^3 - 1^3 = 124$

---

2 曲線の下方面積と定積分 (図14-1)

$\int_a^b f(x)dx$ は,幾何学的には,連続関数 $f(x)$ の曲線と x の領域における 2 点 a および b の区間の x 軸とで囲まれた(灰色の)面積と解釈することができます。

⇩

かくして,定積分(リーマン積分)は「和」と「面積」の2つの意味をもっています。

【知っておきましょう】 積 分 可 能

関数 $f(x)$ は閉区間 $[a, b]$ において連続ならば,その区間において積分可能です。

図14−1−a　曲線の下方面積と定積分

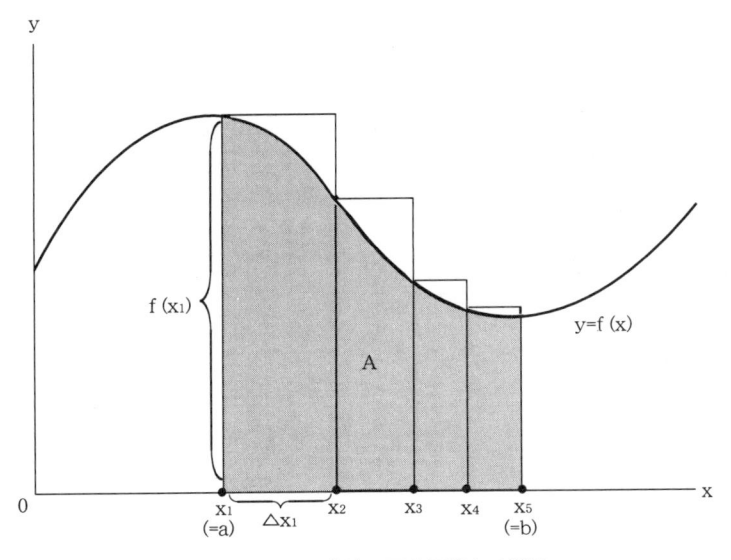

図14−1−b　曲線の下方面積と定積分

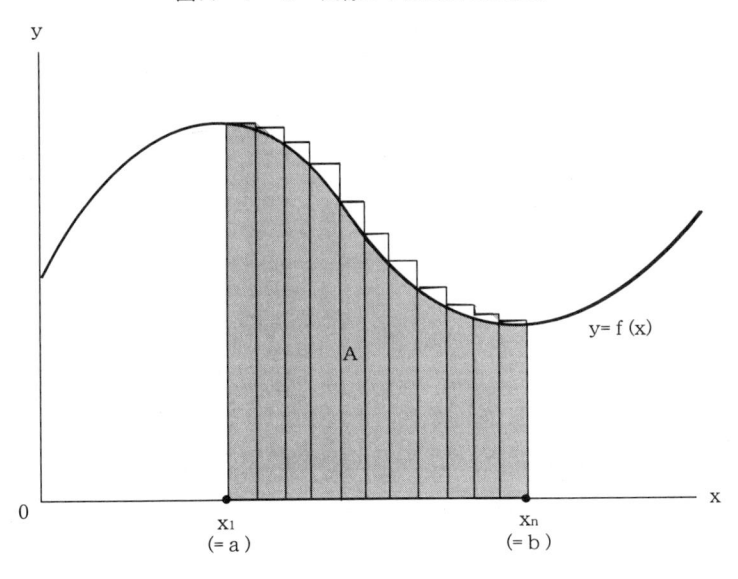

3 定積分の7つの性質

① $\int_b^a f(x)dx = -\int_a^b f(x)dx$

② $\int_a^a f(x)dx = 0$

③ $\int_a^c f(x)dx = \int_a^b f(x)dx + \int_b^c f(x)dx \quad (a<b<c)$

④ $\int_a^b -f(x)dx = -\int_a^b f(x)dx$

⑤ $\int_a^b kf(x)dx = k\int_a^b f(x)dx$

⑥ $\int_a^b \{f(x)+g(x)\}dx = \int_a^b f(x)dx + \int_a^b g(x)dx$

⑦ $\int_a^b v\,du = [uv]_a^b - \int_a^b u\,dv$

【知っておきましょう】 変格積分

積分の下限が $-\infty$,積分の上限が ∞ のいずれかになる定積分は「変格積分」と呼ばれています。変格積分は積分の下限 a,積分の上限 b の極限概念として理解されます。

【練習問題】

年率 D 円の年金が y 年間連続的に得られるとき,それらを年率 r で割り引いたときの現在価値 V を求めましょう。また,D=3,000,y=2,r=0.06 のときの V を求めましょう。

答 $V = \int_0^y De^{-rt}dt = D\int_0^y e^{-rt}dt$

$= D\left[\left(\frac{-1}{r}\right)e^{-rt}\right]_0^y = \left(\frac{-D}{r}\right)(e^{-ry}-1)$

$= \left(\frac{D}{r}\right)(1-e^{-ry})$

V = 5,655

【練習問題】

年率 D 円の永久公債の利子が永久に連続的に得られるとき,それらを年率 r で割り引いたときの現在価値 V を求めましょう。

答 $V = \int_0^\infty De^{-rt}dt = \lim_{y\to\infty}\int_0^y De^{-rt}dt$

$= \lim_{y\to\infty}\left[\left(\frac{D}{r}\right)(1-e^{-ry})\right] = \frac{D}{r}$

4 ハロッド＝ドーマーの成長モデル

「ハロッド＝ドーマーの成長モデル」は，ある均衡条件が満たされたときに成立しなければならない時間経路の型を明確にするものです。

(1) モデルの仮定

① 年当たり投資率 $I(t)$ の変化は二重の効果，すなわち有効需要創出効果と生産能力創出効果をもっています。

② 有効需要創出効果は，$\dfrac{dY^D}{dt} = \dfrac{1}{s} \cdot \dfrac{dI}{dt}$ で表されます。ここで，$s=$ 限界貯蓄性向であり，$\dfrac{1}{s}$ は投資乗数です。

③ 生産能力創出効果は，$\dfrac{dY^S}{dt} = v\left(\dfrac{dK}{dt}\right) = vI$ で表されます。ここで，$v \equiv \dfrac{Y^S}{K} = \dfrac{\text{潜在生産量}}{\text{資本ストック}}$ であり，一定です。

―【知っておきましょう】――――――――――――――――――

「$v \equiv \dfrac{Y^S}{K} = $ 一定」は，t 時点の資本ストック $K(t)$ で，年率 $Y^S \equiv vK$ を潜在的に生産できることを意味しています。

―――――――――――――――――――――――――――

(2) モデルの均衡条件

ハロッド＝ドーマーの成長モデルの均衡条件は，$Y^D = Y^S$ であり，それは経済の生産能力が完全発揮されている状態を意味しています。

⇩

初期時点における均衡状態を仮定すれば，$Y^D = Y^S$ は，

$$\dfrac{dY^D}{dt} = \dfrac{dY^S}{dt}$$

を意味しています。

(3) モデルの解

$$\dfrac{dY^D}{dt} = \dfrac{dY^S}{dt}$$

$$\dfrac{dY^D}{dt} = \dfrac{1}{s} \cdot \dfrac{dI}{dt}$$

$$\dfrac{dY^S}{dt} = vI$$

より，次のような微分方程式を得ることができます。

$$\frac{1}{s} \cdot \frac{dI}{dt} = vI \text{ あるいは } \frac{1}{I} \cdot \frac{dI}{dt} = sv$$

⇩ ($\frac{1}{I} \cdot \frac{dI}{dt} = sv$ の両辺を時間 t で積分します)

$$\int (\frac{1}{I} \cdot \frac{dI}{dt}) dt = \int sv \, dt$$

⇩

$$\int (\frac{1}{I} \cdot \frac{dI}{dt}) dt = \int (\frac{dI}{I}) = \ln|I| + c_1$$

$$\int sv \, dt = svt + c_2$$

ですので，

$$\ln|I| = svt + c \quad (ここで，c = c_2 - c_1 = 任意の定数)$$

したがって，

$$|I| = e^{(svt+c)} = e^{svt} e^c = Ae^{svt} \quad (ここで，A = e^c)$$

⇩

投資 I を正とみなし，初期条件（初期投資率） $I(0) = Ae^0 = A$ を考慮すると，

$$I = I(t) = I(0)e^{svt}$$

が得られます。これは均衡投資経路を示しています。$I(0)$，s，v がわかれば，投資の必要成長率（資本ストックの完全利用を保証するのに必要な成長率）が決定されます。

(4) ハロッド＝ドーマーのナイフ・エッジ定理

① 現実の成長率と保証成長率

　1　r＝投資の現実成長率

$$I = I(t) = I(0)e^{rt}$$

⇩

$$\frac{dI}{dt} = rI(0)e^{rt}$$

　2　sv＝投資の保証成長率

② 投資の有効需要創出効果と能力創出効果

　投資の現実成長率 r の下での，任意の時点 t における投資の有効需要創

出効果と能力創出効果との相対的大きさは次のとおりです。

1 $\dfrac{dY^D}{dt} = \dfrac{1}{s} \cdot \dfrac{dI}{dt} = \left(\dfrac{1}{s}\right) r I(0) e^{rt}$

2 $\dfrac{dY^S}{dt} = v I = v I(0) e^{rt}$

⇩

$$\dfrac{\dfrac{dY^D}{dt}}{\dfrac{dY^S}{dt}} = \dfrac{r}{sv} = \dfrac{現実の成長率}{保証成長率}$$

⇩

1 現実の成長率＞保証成長率

　　$r > sv$ のとき，$\dfrac{dY^D}{dt} > \dfrac{dY^S}{dt}$ となり，投資の有効需要創出効果は能力創出効果を上回り，産出能力の不足をまねきます。

2 現実の成長率＜保証成長率

　　$r < sv$ のとき，$\dfrac{dY^D}{dt} < \dfrac{dY^S}{dt}$ となり，投資の有効需要創出効果は能力創出効果を下回り，産出能力の過剰をまねきます。

⇩

　これらの結論は逆説的です。すなわち，現実の投資の成長率＞保証成長率のとき，それは産出能力の過剰ではなく不足をもたらし，反対に，現実の投資の成長率＜保証成長率のとき，それは産出能力の不足ではなく過剰をもたらすからです。

⇩

　したがって，企業が産出能力の現状を見て，現実の投資の成長率を調整するならば，それは誤った調整になります。すなわち，産出能力の不足を見て，現実の投資の成長率を高め，現実の成長率＞保証成長率になったならば，ますます産出能力の不足をまねきます。産出能力の過剰を見て，現実の投資の成長率を低め，現実の成長率＜保証成長率になったならば，ますます産出能力の過剰をまねきます。

⇩

かくして，現実の成長率と保証成長率の2つの成長率の不一致は縮小されるよりもむしろ拡大します。

⇩（ナイフ・エッジ）

パラメーター定数 s と v が与えられたとして，産出能力の不足と過剰をともに回避する唯一の方法は，投資を均衡経路（s v の保証成長率上）に即するように誘導することです。この均衡経路は「ナイフ・エッジ」のようなもので，いったん均衡経路からはずれると，永久にもとの均衡経路には戻れなくなります。

第15章 微分方程式

I 微分方程式の整理

1 微分方程式の「階」

1階の微分方程式，2階の微分方程式などの「階」は，微分方程式に現れる導関数の最高の階数を意味しています。

―【より高度な学習のために】 高階微分方程式――
2階以上の微分方程式は「高階微分方程式」と呼ばれています。

2 微分方程式の「次数」

1階の微分方程式には，1階の導関数が例えば，$\left(\dfrac{dy}{dt}\right)$，$\left(\dfrac{dy}{dt}\right)^2$，$\left(\dfrac{dy}{dt}\right)^3$，…の形で含まれています。

⇩

微分方程式の中の導関数のうちで最高のベキ数は「次数」と呼ばれています。

―【知っておきましょう】 1階「線型」微分方程式――
導関数 $\left(\dfrac{dy}{dt}\right)$ が1次の形でのみ，また従属変数 y も1次で現れ，さらに $y\left(\dfrac{dy}{dt}\right)$ の形の積が存在していない場合は「線型」と呼ばれています。

―【より高度な学習のために】 非線型微分方程式―――

上級のテキストは,「完全微分方程式」,「変数分離型方程式」,「ベルヌーイの式」などの非線型微分方程式をも取り上げています。

① 完全微分方程式

$$dF(y, t) = \left(\frac{\partial F}{\partial y}\right)dy + \left(\frac{\partial F}{\partial t}\right)dt = 0$$

⇩

完全形ではない微分方程式は,その式のすべての項にある共通の因子が掛けられることによってしばしば完全形になります。この因子は「積分因子」と呼ばれています。

② 変数分離型方程式

$$f(y)dy + g(t)dt = 0$$

③ ベルヌーイの式

$$\frac{dy}{dt} + R(t)y = T(t)y^n \quad (ただし, nは0, 1以外の数)$$

3 定数項・可変項と定係数・可変係数

1階線型微分方程式の一般形は次のとおりです。

$$\frac{dy}{dt} + u(t)y = w(t)$$

⇩(上記では,y,u,wはすべて時間(独立変数)tの関数です)

(1) 定数項と定係数をもつ1階線型微分方程式

u,wが定数のときは,「定数項と定係数」と言われます。

(2) 可変項と可変係数をもつ1階線型微分方程式

u,wが時間tの関数であるときは,「可変項と可変係数」と言われます。

―【知っておきましょう】 同次と非同次―――

w=0のとき「同次」,w≠0のとき「非同次」と呼ばれています。

――【知っておきましょう】 正　規　化――――――――――――
　$\dfrac{dy}{dt}$ の係数が1になるように調整することは「正規化」と呼ばれています。
――――――――――――――――――――――――――――――

4　定量分析と定性分析

(1)　微分方程式の定量分析

　tの各値に対して特定のyの値が対応するような時間経路の式を求めることは微分方程式の「定量分析」と呼ばれています。

(2)　微分方程式の定性分析

　与えられた微分方程式から時間経路の式（定量的解）を求めることができないことがあります。しかし，そのときは，微分方程式それ自体を観察することによって，あるいはそのグラフを分析することによって，その時間経路の定性的な性質（主として，y(t)が収束するかどうか）を確かめることが可能です。

⇩

　「位相線」によって，均衡の動学的安定性（あるいは時間経路の収束性）を推論できます。

――【知っておきましょう】　位相図と位相線――――――――――
　$\dfrac{dy}{dt} = f(y)$ を，縦軸に $\dfrac{dy}{dt}$，横軸にyをとって図示したものは「位相図」と呼ばれています。関数fを表すグラフは「位相線」と呼ばれています。位相線の形状は時間経路y(t)に関する重要な定性的情報を与えています。

⇩

　位相線とy軸（横軸）との交点がyの（異時間的な意味での）均衡水準です。均衡の安定性を検証するためには，yの初期値のいかんにかかわらず，位相線がつねに上記の交点としての均衡値に向かっているかどうかを確かめることが必要です（☞図15－1　p.211）。

> ⇩（動学的不安定と動学的安定）
> 交点における位相線の勾配が，
> ① 正であれば，動学的不安定
> ② 負であれば，動学的安定
> です。

II 定数項と定係数をもつ1階線型微分方程式

1 同次の微分方程式

$$\frac{dy}{dt} + ay = 0 \quad （定数項・定係数の同次1階線型微分方程式）$$

ここで，aは定数です。

⇩

$$\frac{dy}{dt} = -ay$$

⇩

$$\frac{1}{y} \cdot \frac{dy}{dt} = -a$$

──【知っておきましょう】──

> 上記の式は「ハロッド＝ドーマーの成長モデル」の微分方程式「$\frac{1}{I} \cdot \frac{dI}{dt} = sv$」に類似しています。

⇩（$\frac{1}{y} \cdot \frac{dy}{dt} = -a$ の両辺を時間tで積分します）

$$\int \left(\frac{1}{y}\right)\left(\frac{dy}{dt}\right) dt = \int -a\, dt$$

⇩

$$\int \left(\frac{1}{y}\right)\left(\frac{dy}{dt}\right) dt = \int \left(\frac{dy}{y}\right) = \ln y + c_1$$

$$\int -a\, dt = -at + c_2$$

ですので，

$\ln y + c_1 = -at + c_2$

⇩

$\ln y = -at + c$　（ここで，$c = c_2 - c_1 =$ 任意の定数）

したがって，

$y = e^{(-at+c)} = e^{-at} e^c = A e^{-at}$　（ここで，$A = e^c =$ 任意の定数）

⇩

かくて，微分方程式の解は関数 $y(t) = A e^{-at}$ です。

──【知っておきましょう】　一般解，特殊解および確定解──

「$y(t) = A e^{-at}$」は「一般解」，「$y(t) = y(0) e^{-at}$」は「確定解」とそれぞれ呼ばれています。Aに任意の値が代入されると，解は「特殊解」と呼ばれ，$A = y(0)$ のときは「確定解」と呼ばれます。

2　非同次の微分方程式

以下の非同次の微分方程式を解きましょう。そのためには，補助関数と特殊積分を求めなければなりません。

$$\frac{dy}{dt} + ay = b$$　（定数項・定係数の非同次1階線型微分方程式）

ここで，a，b は定数です。

⇩（上記の微分方程式の解は2つの項 y_c，y_p の和から成っています）

(1)　補助関数：y_c

① $\frac{dy}{dt} + ay = b$

この非同次方程式は「完全方程式」と呼ばれています。

② $\frac{dy}{dt} + ay = 0$

この同次方程式は「$\frac{dy}{dt} + ay = b$」の「誘導方程式」と呼ばれています。

⇩

「誘導方程式」の「一般解」は「補助関数」と呼ばれています。したがって，

$$y_c = A e^{-at}$$

(2) **特殊積分：y_p**

「完全方程式」の任意の特殊解は「特殊積分」と呼ばれています。

⇩

$y =$ 定数のケースを考えると，$\dfrac{dy}{dt} = 0$ であり，

$\dfrac{dy}{dt} + ay = b$ より，

$y = \dfrac{b}{a}$ を得ることができます。したがって，

$y_p = \dfrac{b}{a}$ （ただし，$a \neq 0$）

【知っておきましょう】

ここでは，$y = k$（定数）のケースを考えましたが，$a = 0$ のときは，$y = kt$ などのケースを考えねばなりません。

⇩（完全方程式の一般解）

$y(t) = y_c + y_p = A e^{-at} + \dfrac{b}{a}$ （ただし，$a \neq 0$）

【知っておきましょう】　一般解と確定解

上記はAが任意定数であるので一般解です。初期条件 $y(0)$ を用いると，$y(0) = A + \dfrac{b}{a}$ であるので，$A = y(0) - \dfrac{b}{a}$ です。したがって，確定解は，

$y(t) = \{y(0) - \dfrac{b}{a}\} e^{-at} + \dfrac{b}{a}$ （ただし，$a \neq 0$）

です。

【練習問題】

初期条件を $y(0) = 10$ として，$\dfrac{dy}{dt} + 2y = 6$ の解を求めましょう。

答　$y(t) = 7 e^{-2t} + 3$

3 ワルラスの価格調整

(1) 均衡モデル

$D = S$　　　　（需給均衡条件式）

$D = a - bP$　　（需要関数：$a, b > 0$）

$S = -c + dP$　（供給関数：$c, d > 0$）

⇩（均衡価格 P^* を求めます）

$P^* = \dfrac{a+c}{b+d}$　　（均衡価格）

(2) ワルラスの価格調整過程

$P(0)=$ 初期価格　としたとき，$P(0) \neq P^*$ ならば，均衡価格 P^* は，（モデルが安定であれば）次のワルラスの価格調整過程によって達成されます。

$$\dfrac{dP}{dt} = k(D-S) \quad (k>0)$$

⇩

上記の式は，任意の時点における価格変化率はその時点における超過需要に比例していることを示しています。k は一定の調整係数です。

―【知っておきましょう】――――

ここでは P の時間経路が問題になります。P したがって，D，S は時間 t の関数です。

―【知っておきましょう】　均衡の安定性――――

価格 P が均衡水準 P^* に近づく傾向にあるとき，すなわち，$t \to \infty$ のときに時間経路 $P(t)$ が P^* に収束するとき，モデルは「安定」であると言われます。

―【知っておきましょう】　均衡価格の2つの意味――――

① 異時間的な意味

　価格 P が時間を通じて一定であることを意味しています。

② 市場清算的な意味

　価格 P が「需要＝供給」を達成することを意味しています。

(3) **モデルの解：価格の時間経路 P(t)**

$$\frac{dP}{dt} = k(D-S)$$
$$= k(a - bP + c - dP) = k(a+c) - k(b+d)P$$

⇩

$$\frac{dP}{dt} + k(b+d)P = k(a+c) \quad \text{（非同次微分方程式）}$$

⇩（上記の微分方程式の解は2つの項 P_c, P_p の和から成っています）

① 補助関数：P_c

$$P_c = A e^{-k(b+d)t}$$

② 特殊積分：P_p

$$P_p = \frac{a+c}{b+d}$$

⇩（完全方程式の一般解）

$$P(t) = P_c + P_p = A e^{-k(b+d)t} + \frac{a+c}{b+d}$$

⇩

上記の式はAが任意定数であるので一般解です。初期条件 P(0) を用いると，$P(0) = A + \frac{a+c}{b+d}$ であるので，確定解は，

$$P(t) = \{P(0) - \frac{a+c}{b+d}\} e^{-k(b+d)t} + \frac{a+c}{b+d}$$
$$= \{P(0) - P^*\} e^{-k(b+d)t} + P^*$$

です。

(4) **ワルラスの安定条件**

t→∞のときに時間経路 P(t) が P^* に収束するとき，均衡は「動学的に安定」であると言われます。

⇩

重要な項目は，$e^{-k(b+d)t}$ です。$k(b+d) > 0$ ですので，$e^{-k(b+d)t}$ は t→∞のとき，ゼロに近づきます。(b+d) > 0，すなわち d > −b は動学的安定を達成するために必要なパラメーターの制約条件式です。

(5) 補助関数と特殊積分の経済学的解釈
① 補助関数
　それは当該変数の均衡からの乖離を表しています。
② 特殊積分
　それは当該変数の異時間的均衡水準を表しています。それは時間には依存していません。
　　　⇩
　「動学的安定」は，時間 t が無限大になるにつれて，補助関数が漸近的にゼロになることを意味しています。

――【より高度な学習のために】　定常均衡と移動均衡――――
　特殊積分が定数であるとき，それは異時間的な意味で「定常均衡」と解釈されます。特殊積分が非定数であるとき，それは「移動均衡」と解釈されます。

4　ソローの新古典派成長モデル

(1) モデルの仮定
① 「ハロッド＝ドーマーの成長モデル」では生産量は資本投入量だけの関数でありました（あるいは，労働投入量が資本投入量と常に一定の割合で結合されていると考えられていました）。ソローの成長モデルでは，次の生産関数が考えられています。

　　$Y = F(K, L)$　　（生産関数：$K, L > 0$）

　ここで，Y＝生産量（減価償却を控除），K＝資本投入量，L＝労働投入量です。ソロー・モデルでは，K と L の種々の組み合わせを考えることができます。
② 資本，労働の限界生産力は正です（$F_K, F_L > 0$）。資本，労働の限界生産力は逓減します（$F_{KK}, F_{LL} < 0$）。
③ 生産関数は1次同次（規模に関して収穫一定）です。すなわち，

$\lambda Y = F(\lambda K, \lambda L)$ において、$\lambda = \dfrac{1}{L}$ とおくと、

$Y = L F(\dfrac{K}{L}, 1) = L f(k)$ （ただし、$k \equiv \dfrac{K}{L}$）

$y = f(k)$ （ただし、$y \equiv \dfrac{Y}{L}$）

⇩

$F_K > 0$、$F_{KK} < 0$ より、$f_K > 0$、$f_{KK} < 0$ です。

④ Kは次のものから決定されると考えます。

$\dfrac{dK}{dt} = sY$ （投資＝貯蓄）

ここで、s＝貯蓄性向

⑤ Lは次のものから決定されると考えます。

$L = L(0) e^{nt}$ （$n > 0$）

ここで、$L(0)$ は初期労働投入量であり、労働は指数的に成長しています。n＝労働投入量の成長率です。

⑥ 労働は常に完全雇用されています。したがって、上記③と⑤のLは同じものです。

(2) 「ソロー方程式」

$Y = L F(\dfrac{K}{L}, 1) = L f(k)$

$\dfrac{dK}{dt} = sY$

$L = L(0) e^{nt}$

⇩ （これらの3本の方程式を単一の方程式に集約します）

$\dfrac{dK}{dt} = sY = sL f(k)$

$\qquad = s L(0) e^{nt} f(k)$ （微分方程式）

⇩ （Kとkの両方がありますので、kに統一します）

$k \equiv \dfrac{K}{L}$ より、

$K \equiv kL = k L(0) e^{nt}$

これを微分しますと、

$\dfrac{dK}{dt} = L(0) \left\{ \dfrac{d(k e^{nt})}{dt} \right\}$

$$= L(0)e^{nt}(\frac{dk}{dt}) + L(0)k\{\frac{d(e^{nt})}{dt}\}$$

$$= L(0)e^{nt}(\frac{dk}{dt}) + L(0)kne^{nt}$$

⇩（上記の2つの $\frac{dK}{dt}=\cdots$ の右辺を等しいとおきます）

$$sL(0)e^{nt}f(k) = L(0)e^{nt}(\frac{dk}{dt}) + L(0)kne^{nt}$$

⇩（両辺を $L(0)e^{nt}$ で割ります）

$$sf(k) = \frac{dk}{dt} + kn$$

⇩（ソローの新古典派成長モデルの基本方程式）

$$\frac{dk}{dt} = sf(k) - nk \quad \text{（ソロー方程式）}$$

これは微分方程式であり，ソローの新古典派成長モデルの基本方程式です。s，nがパラメーターです。

(3) **図による定性分析**（図15－1）

ソロー方程式「$\frac{dk}{dt} = sf(k) - nk$」は一般的な関数の形をしているので，定量的解を得ることはできません。

⇩

したがって，このときは，縦軸に $\frac{dk}{dt}$，横軸にkをとって位相図（位相線）を描きます。

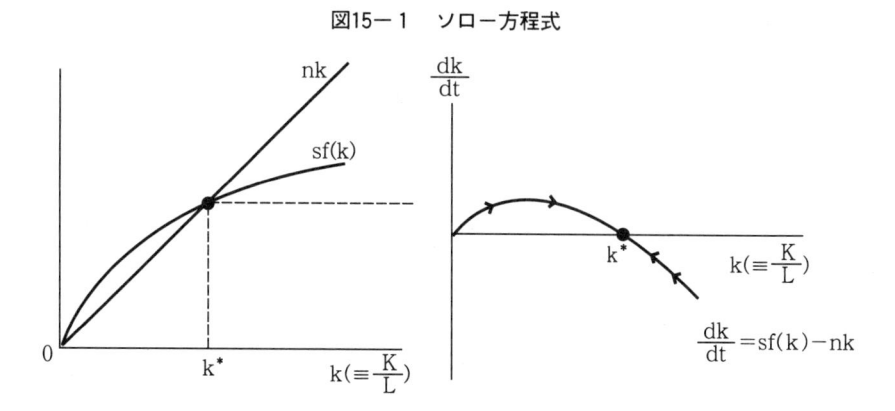

図15－1　ソロー方程式

第16章 差分方程式

I 差分方程式の整理

1 微分方程式と差分方程式

(1) **微分方程式**：例えば，$\dfrac{dy}{dt}=2$

微分方程式は連続型の時間を取り扱います。

⇩

変数 y の変化の型は導関数 $\dfrac{dy}{dt}$，$\dfrac{d^2y}{dt^2}$，…によって表されています。

(2) **差分方程式**：例えば，$\Delta y_t (\equiv y_{t+1} - y_t) = 2$

差分方程式は離散型の時間（整数値のみをとることを許される時間 t ）を取り扱います。

⇩

変数 y の変化の型は差分商 $\dfrac{\Delta y}{\Delta t}$，$\dfrac{\Delta^2 y}{\Delta t^2}$，…によって表されています。

⇩

微分方程式と差分方程式の解法の論理構造は類似しています。

──【知っておきましょう】　時点と期間──

　差分方程式では，例えば，t ＝ 1 から t ＝ 2 へ変化するときのみ，変数 y はその値を変えます。すなわち，t ＝ 1 から t ＝ 2 への間，y には何も起こらないものと仮定されています。

⇩

したがって，微分方程式の連続型の時間 t は「時点」を，差分方程式の離散型の時間 t は「期間」をそれぞれ表しているものと理解することが便利です。すなわち，微分方程式の時間 t ＝ 1 は時点 1 を，差分方程式の時間 t ＝ 1 は期間 1 を表しているものとみなすことが便利です。ただし，ここで，1 期間とは変数 y が変化する前に経過する時間の長さのことです。

⇩

　このことから，離散型の時間による経済動学はしばしば「期間分析」と呼ばれています。

2　微分と差分

(1)　微　　　分

　d y は「1 階の微分」と呼ばれています。

(2)　差　　　分

　t は整数値のみをとりますので，連続する 2 つの期間における y の値を比べるときは，Δt ＝ 1 です。それゆえ，微分方程式の導関数 $\frac{dy}{dt}$ に対応する，差分方程式の差分商 $\frac{\Delta y}{\Delta t}$ は Δy と考えることができます。Δy は「1 階の差分」と呼ばれています。Δ は演算記号 $\frac{d}{dt}$ の離散型です。

⇩

　どの連続する 2 つの期間をとるかによって，Δy は異なった値をとります。したがって，y に時間（期間）を表す添字をつける必要があり，1 階の差分は次のように定義されます。

$$\Delta y_t \equiv y_{t+1} - y_t$$

3　差分方程式の分類

　例えば $\Delta y_t (\equiv y_{t+1} - y_t) = 2$ を取り上げます。差分方程式 $\Delta y_t = 2$ を，

　　　$y_{t+1} - y_t = 2$

あるいは，

$$y_{t+1} = y_t + 2$$

と書き直します。差分方程式の分類は微分方程式のそれと類似しています。

(1) 線型と非線型

「$y_{t+1} - y_t = 2$」は，任意の期間のyの項（y_{t+1}，y_t）に2乗（あるいは，より高いベキ）がないので，「線型」差分方程式です。

(2) 同次と非同次

「$y_{t+1} - y_t = 0$」は同次，「$y_{t+1} - y_t = 2$」は非同次です。

(3) 1階と高階（2階以上）

「$y_{t+1} - y_t = 2$」は「$\Delta y_t = 2$」であり，1階の差分しか含んでいませんので，「1階」の差分方程式です。

【知っておきましょう】 「2階」線型差分方程式

$y_{t+2} + a_1 y_{t+1} + a_2 y_t = c$ は「2階」線型差分方程式です。

Ⅱ　1階差分方程式

1　1階差分方程式の解法

差分方程式の解法とはyの時間経路を求めることです。

(1) 反　復　法

初期値を $y_0 = 15$ として，$y_{t+1} - y_t = 2$ の解を求めましょう。反復の過程を遂行するには，$y_{t+1} - y_t = 2$ を $y_{t+1} = y_t + 2$ に書き直します。この式から，逐次的に，

$$y_1 = y_0 + 2 = 15 + 2$$
$$y_2 = y_1 + 2 = (y_0 + 2) + 2 = (15 + 2) + 2$$
$$y_3 = y_2 + 2 = (y_1 + 2) + 2 = \{(15 + 2) + 2\} + 2$$
....

が導かれ，かくて，

$$y_t = y_0 + 2t = 15 + 2t$$

を得ることができます。これが差分方程式「$y_{t+1} - y_t = 2$」の解であり，任意の期間における y の値を与えています。

【練習問題】

同次差分方程式 $m y_{t+1} - n y_t = 0$ の解を求めましょう。

答　$y_t = \left(\dfrac{n}{m}\right)^t y_0$

---

(2) 一般的な解法

一般的な解法は微分方程式の解法と類似しています。次の非同次の差分方程式の解を求めましょう。

　　　$y_{t+1} + a y_t = c$　　（定数項・定係数の非同次1階線型差分方程式）

ここで，a，c は定数です。

　　　⇩（上記の差分方程式の一般解は2つの項 y_c，y_p の和から成っています）

① 補助関数：y_c

　1　$y_{t+1} + a y_t = c$

この非同次方程式は「完全方程式」と呼ばれています。

　2　$y_{t+1} + a y_t = 0$

この同次方程式は「$y_{t+1} + a y_t = c$」の「誘導方程式」と呼ばれています。

　　　⇩

「誘導方程式」の「一般解」は「補助関数」と呼ばれています。したがって，

　　　$y_c = A(-a)^t$

【知っておきましょう】　$y_t = A(-a)^t$ の導出方法

上記の練習問題からの類推です。すなわち，同次差分方程式 $m y_{t+1} - n y_t = 0$ は $y_t = \left(\dfrac{n}{m}\right)^t y_0$ の解をもっていました。したがって，上記の誘導方程式「$y_{t+1} + a y_t = 0$」が $y_t = A b^t$ の形の解をもっているものと考え，試してみると，$y_{t+1} + a y_t = 0$ は $A b^{t+1} + a A b^t = 0$ になり

ます。$Ab^t \neq 0$ を消去すれば，$b+a=0$ より，$b=-a$ を得ることができます。かくて，$y_t = Ab^t = A(-a)^t$ です。

② 特殊積分：y_p

「完全方程式」の任意の特殊解は「特殊積分」と呼ばれています。

⇩

$y=$ 定数（定常解）のケースを考えると，$y_{t+1} = y_t = y$ であり，$y + ay = c$ より，

$y = \dfrac{c}{1+a}$ を得ることができます。したがって，

$y_p = \dfrac{c}{1+a}$　（ただし，$a \neq -1$）

⇩

ここでの，特殊積分 y_p は時間に依存していません。

―【知っておきましょう】―――――――――

ここでは，$y=k$（定数）のケースを考えましたが，$a=-1$ のときなどは，$y=kt$ などの他のケースを考えざるを得ません。このときの y_p は移動均衡です。

⇩（差分方程式の一般解）

$y_t = y_c + y_p = A(-a)^t + \dfrac{c}{1+a}$　（ただし，$a \neq -1$）

これは任意定数を含んでいるので，「一般解」です。「補助関数」y_c は当該変数の均衡からの乖離を表しています。「特殊積分」y_p は当該変数の異時間的均衡水準を表しています。

⇩（差分方程式の確定解）

初期条件 y_0 を用いると，$y_0 = A(-a)^0 + \dfrac{c}{1+a}$ であるので，$A = y_0 - \dfrac{c}{1+a}$ です。したがって，確定解は，

$y_t = y_c + y_p = \left(y_0 - \dfrac{c}{1+a}\right)(-a)^t + \dfrac{c}{1+a}$

（ただし，$a \neq -1$）

【練習問題】
初期条件を $y_0 = \dfrac{7}{4}$ として，$y_{t+1} - 5y_t = 1$ の解を求めましょう。
答　$y_t = 2(5)^t - \dfrac{1}{4}$

【より高度な学習のために】　非線型差分方程式と位相図

$y_{t+1} = f(y_t)$ は「非線型差分方程式」であり，y_{t+1} を縦軸に，y_t を横軸にとった図は「位相図」と呼ばれています。f に対応する曲線が「位相線」です。差分方程式の位相図・位相線は微分方程式のそれらと類似しています。

⇩

位相線の勾配の代数符号は振動が生じるかどうかを決定し，その絶対値は収束のいかんを決定しています。

2　均衡の動学的安定性

$y_{t+1} + ay_t = c$ の一般解は，

$$y_t = y_c + y_p = A(-a)^t + \dfrac{c}{1+a} \quad (ただし，a \neq -1)$$

です。

⇩

均衡が動学的に安定かどうかは，$t \to \infty$ のときに，補助関数

$$y_c = A(-a)^t = Ab^t \quad (ここで，b \equiv -a)$$

がゼロに近づくかどうかという問題です。

(1)　b の意義（表16-1と図16-1）

b について7つの区域を考えることができます。各区域において指数形式 b^t は異なった型の時間経路を生みます。これらは表16-1と図16-1に示されています。期間分析を行っているので，グラフはなめらかな曲線ではなく，階段になっています。

⇩

$b^t(b \neq 0)$ の時間経路は,

① 振　　動

　$b>0$ ならば, 振動しません。

　$b<0$ ならば, 振動します。

② 発散・減衰

　$|b|>1$ ならば, 発散します。

　$|b|<1$ ならば, 減衰します。

　　⇩

　　$y_t = y_c + y_p = Ab^t + y_p$

は, $|b|<1$ のとき, そしてそのときのみ, 収束します。$|b|<1$ は, 時間経路 y_t が均衡 y_p に収束するための条件です。

(2) Aの役割

① スケール効果

　Aの大きさは b^t の値を「押し上げる」か, あるいは「切りつめる」働きをします。

② 鏡像効果

　Aの値が負のとき, 各時間経路は横軸を中心にして鏡像のように移し替えられます。

表16－1　均衡の動学的安定性

区域	bの値		b^t	b^t の値				
				t=0	t=1	t=2	t=3	t=4
(1)	b>1	(|b|>1)	例 $(2)^t$	1	2	4	8	16
(2)	b=1	(|b|=1)	$(1)^t$	1	1	1	1	1
(3)	0<b<1	(|b|<1)	例 $(\frac{1}{2})^t$	1	$\frac{1}{2}$	$\frac{1}{4}$	$\frac{1}{8}$	$\frac{1}{16}$
(4)	b=0	(|b|=0)	$(0)^t$	0	0	0	0	0
(5)	−1<b<0	(|b|<1)	例 $(-\frac{1}{2})^t$	1	$-\frac{1}{2}$	$\frac{1}{4}$	$-\frac{1}{8}$	$\frac{1}{16}$
(6)	b=−1	(|b|=1)	$(-1)^t$	1	−1	1	−1	1
(7)	b<−1	(|b|>1)	例 $(-2)^t$	1	−2	4	−8	16

220 第4部 マクロ経済学のための基礎数学

図16−1 均衡の動学的安定性

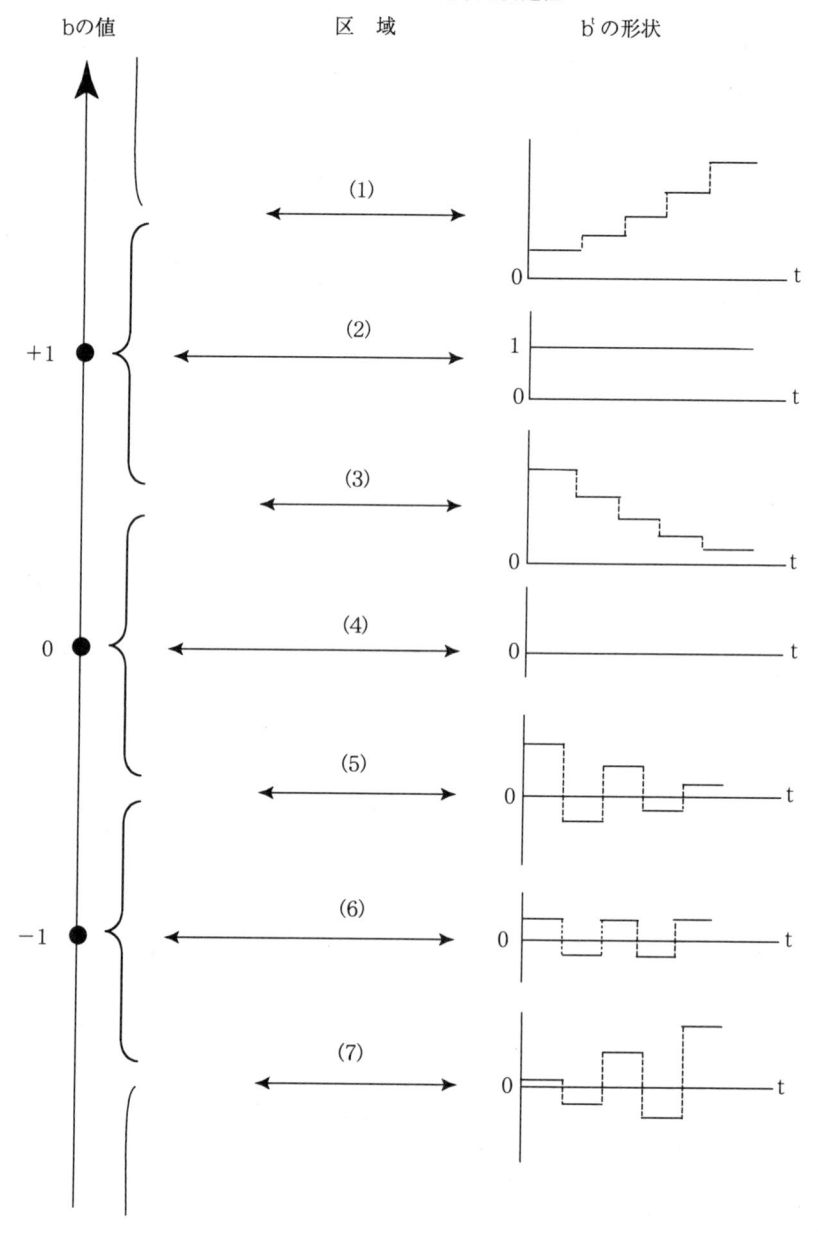

bの値	区　域	b^tの形状
	(1)	
+1	(2)	
	(3)	
0	(4)	
	(5)	
−1	(6)	
	(7)	

【練習問題】
$y_t = 2\left(-\dfrac{4}{5}\right)^t + 9$ はどのような時間経路を表しているのでしょうか。

答　$b = -\dfrac{4}{5} < 0$ ですから振動します。$|b| = \dfrac{4}{5} < 1$ ですから，振動は減衰し，均衡水準 9 に収束します。

3　くもの巣モデル

「くもの巣モデル」は 1 階差分方程式の応用例です。

(1)　モデルの仮定

①　需要量は価格の変化に対して期間内に調整されます。

②　供給量の調整は価格の変化に対して 1 期の遅れがあります。すなわち，生産者は前期に今期の市場価格を予想し，それに基づいて生産計画を立て，今期に生産量が実現します。例えば，農作物を考え，今期の市場価格を予想して前期に種を蒔き，今期に収穫することを想定することができます。今期の供給量は今期の価格に対して完全に非弾力的（垂直の市場供給曲線）です。

③　各期間において，市場価格はつねに市場を清算するような水準に決定されます。

(2)　モ デ ル

$D_t = S_t$ 　　　　　　　　　　　　（需給均衡条件式）

$D_t = D_t(P_t) = a - bP_t$ 　　　　　（需要関数：$a, b > 0$）

$S_t = S_t({}_{t-1}P_t^e) = -c + d \cdot {}_{t-1}P_t^e$ 　（供給関数：$c, d > 0$）

${}_{t-1}P_t^e = P_{t-1}$ 　（$t-1$ 期に t 期に成立するであろう価格を予想：静学的予想形成仮説）

(3)　モデルの解

$D_t = S_t$ 　　　　　（需給均衡条件式）

$D_t = a - bP_t$ 　　　（需要関数：$a, b > 0$）

$S_t = -c + dP_{t-1}$ 　（供給関数：$c, d > 0$）

第4部　マクロ経済学のための基礎数学

⇩

$a - bP_t = -c + dP_{t-1}$ 　　（1階差分方程式）

　⇩（この方程式を解くには，時間の添字を1期後へ移動し，$t \to t+1$,
　　　$t-1 \to t$ にするほうが便利です）

$a - bP_{t+1} = -c + dP_t$

⇩

$P_{t+1} + (\dfrac{d}{b})P_t = \dfrac{a+c}{b}$ 　　（1階差分方程式）

【知っておきましょう】

上記の式は，既述の定数項・定係数の非同次1階線型差分方程式

$$y_{t+1} + ay_t = c$$

と同種のものです。したがって，

$$y_t = y_c + y_p = (y_0 - \dfrac{c}{1+a})(-a)^t + \dfrac{c}{1+a}$$

と同種の確定解をもちます。

⇩（初期価格を P_0 とした，1階差分方程式の確定解）

$P_t = P_c + P_p$
$ = (P_0 - \dfrac{a+c}{b+d})(-\dfrac{d}{b})^t + \dfrac{a+c}{b+d}$

(4) モデルの解の経済学的解釈

① $P_p = \dfrac{a+c}{b+d}$ は特殊積分であり，モデルの異時間的均衡価格です。これは定数ですから，定常均衡です。

② $(P_0 - \dfrac{a+c}{b+d})$ の符号は時間経路が均衡の上方から始まるか，下方から始まるか（鏡像効果）という問題に関連しています。

③ $(P_0 - \dfrac{a+c}{b+d})$ の大きさは時間経路がどれだけ上方にあるか，下方にあるか（スケール効果）の問題に関連しています。

④ $-\dfrac{d}{b} < 0$ ですから，時間経路は振動します。これが「くもの巣現象」を引き起こす理由です。

(5) 時間経路の図示（図16−2）

このモデルでは，3つの可能な振動型がありえます。

① d＞bならば，拡張的振動　　（図16−2−a）
② d＝bならば，一様振動
③ d＜bならば，減衰的振動　　（図16−2−b）

図16−2−a　くもの巣モデル（拡張的振動）

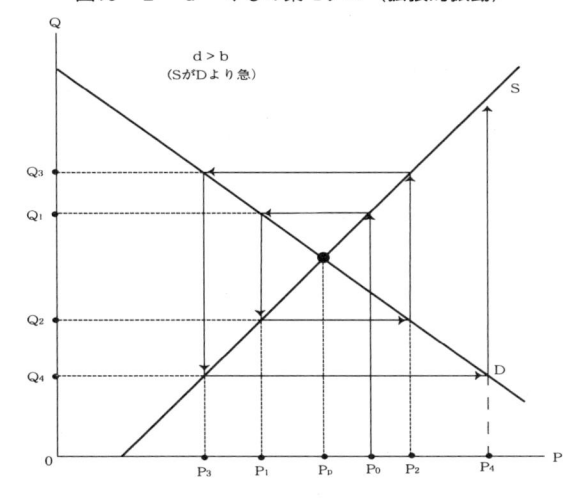

図16−2−b　くもの巣モデル（減衰的振動）

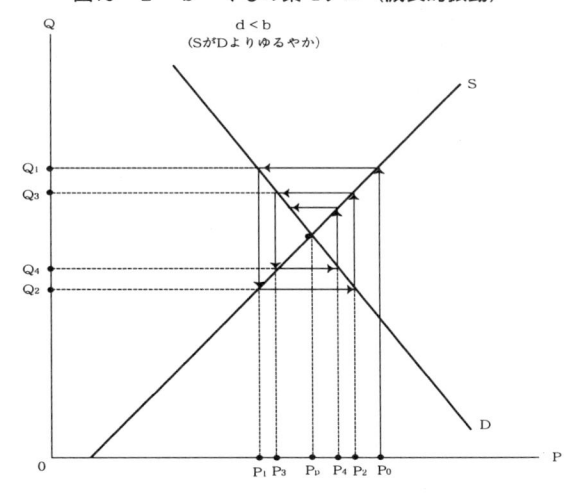

III 2階差分方程式

1 2階差分方程式の解法

定数項・定係数の非同次の2階線形差分方程式は次のような形をしています。

$$y_{t+2} + a_1 y_{t+1} + a_2 y_t = c$$

ここで，a_1，a_2 は定数係数，c は定数項です。

【知っておきましょう】 2階差分 $\Delta^2 y_t$

2階差分方程式は y_t の「2階差分」と呼ばれる $\Delta^2 y_t$ を含んでいます。記号 Δ^2 は2階の導関数 $\dfrac{d^2}{dt^2}$ の離散型に対応しています。

$$\begin{aligned}\Delta^2 y_t &= \Delta(\Delta y_t) = \Delta(y_{t+1} - y_t) = \Delta y_{t+1} - \Delta y_t \\ &= (y_{t+2} - y_{t+1}) - (y_{t+1} - y_t) \\ &= y_{t+2} - 2y_{t+1} + y_t\end{aligned}$$

---

(1) 非同次2階差分方程式の一般解

非同次2階差分方程式の一般解は次の2つの項 y_c，y_p の和から成っています。

① 補助関数：y_c

$y_{t+2} + a_1 y_{t+1} + a_2 y_t = c$ は「完全方程式」と呼ばれています。「$y_{t+2} + a_1 y_{t+1} + a_2 y_t = 0$」は「$y_{t+2} + a_1 y_{t+1} + a_2 y_t = c$」の「誘導方程式」と呼ばれています。「誘導方程式」の「一般解」は「補助関数」と呼ばれています。

② 特殊積分：y_p

「完全方程式」の任意の特殊解は「特殊積分」と呼ばれています。

⇩

$y_t = y_c + y_p$　（非同次2階差分方程式の一般解）

⇩

特殊解 y_p は y の異時間的均衡水準を，補助関数 y_c は均衡からの乖離をそ

(2) **特殊積分：y_p**

「完全方程式」の任意の特殊解は「特殊積分」と呼ばれています。

⇩

$y=$定数（定常解）のケースを考えると，$y_{t+2}=y_{t+1}=y_t=y$であり，$y+a_1y+a_2y=c$より，$y=\dfrac{c}{1+a_1+a_2}$を得ることができます。したがって，

$$y_p=\dfrac{c}{1+a_1+a_2} \quad (ただし，a_1+a_2\neq-1)$$

──【知っておきましょう】──

ここでは，$y=k$（定数）のケースを考えましたが，$a_1+a_2=-1$のときなどは，$y=kt$などの他のケースを考えざるを得ません。このときのy_pは移動均衡です。

(3) **補 助 関 数**

誘導方程式「$y_{t+2}+a_1y_{t+1}+a_2y_t=0$」の一般解は「補助関数」と呼ばれています。

⇩（固有方程式）

1階の差分方程式の解法からの類推で，上記の誘導方程式が，$y_t=Ab^t$の形の解をもっているものと考え，試してみると，

$y_{t+2}=Ab^{t+2}$

$y_{t+1}=Ab^{t+1}$

$y_t=Ab^t$

ですので，

$Ab^{t+2}+a_1Ab^{t+1}+a_2Ab^t=0$になります。$Ab^t\neq0$を消去すれば，

$b^2+a_1b+a_2=0$

を得ることができます。これは$y_{t+2}+a_1y_{t+1}+a_2y_t=c$あるいは$y_{t+2}+a_1y_{t+1}+a_2y_t=0$の「固有方程式」または「補助方程式」と呼ばれています。

⇩（固有方程式と固有根）

固有方程式 $b^2 + a_1 b + a_2 = 0$ は，b についての2次方程式であり，次の2つの「固有根」をもっています。

$$b_1, \ b_2 = \frac{-a_1 \pm \sqrt{a_1^2 - 4a_2}}{2}$$

──【知っておきましょう】　固有方程式の正規化──

上記の固有方程式は「正規化」されています。すなわち，b^2 の係数が1になるように調整されています。

⇩（図16−3）

固有根に関しては，$a_1^2 - 4a_2$ の符号に依存して，3つのケースがあります。

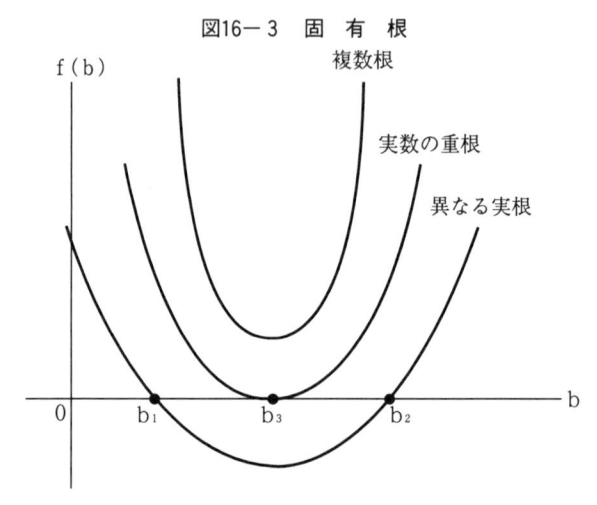

図16−3　固　有　根

（複数根／実数の重根／異なる実根のグラフ。横軸 b，縦軸 $f(b)$，b_1, b_3, b_2 が示されている）

① $a_1^2 - 4a_2 > 0$ のとき異なる実根をもっています。

$\sqrt{a_1^2 - 4a_2}$ は実数ですので，b_1, b_2 は異なる実根です。

$$y_c = A_1 b_1^t + A_2 b_2^t \quad \text{（補助関数）}$$

ここで，A_1, A_2 は任意定数です。

第16章　差分方程式　227

―【練習問題】――――――――――――――――――――
　　$y_{t+2} + y_{t+1} - 2y_t = 12$ の補助関数を求めましょう。
　　答　$y_c = A_1 + A_2(-2)^t$
――――――――――――――――――――――――

② $a_1{}^2 - 4a_2 = 0$ のとき実数の重根をもっています。
　　$\sqrt{a_1{}^2 - 4a_2}$ は消えて，$b_3 = (b_1 = b_2) = \dfrac{-a_1}{2}$ です。
　　$y_c = A_1 b_1{}^t + A_2 b_2{}^t = (A_1 + A_2) b_3{}^t = A_3 b_3{}^t$
は，定数が1つ不足しているので，解にはなりません。重根の場合の補助関数は，
　　$y_c = A_3 b_3{}^t + A_4 t b_3{}^t$　（補助関数）

―【練習問題】――――――――――――――――――――
　　$y_{t+2} + 6y_{t+1} + 9y_t = 4$ の補助関数を求めましょう。
　　答　$y_c = A_3(-3)^t + A_4 t(-3)^t$
――――――――――――――――――――――――

③ $a_1{}^2 - 4a_2 < 0$ のとき（共役）複素根をもっています。
　　$b_1, b_2 = h \pm vi$　（hは実数部，vは虚数部）
の形になります。ここで，$h = \dfrac{-a_1}{2}$, $v = \dfrac{\sqrt{4a_2 - a_1{}^2}}{2}$ です。

複素根の場合の補助関数は，
　　$y_c = A_5 b_1{}^t + A_6 b_2{}^t$
　　　　$= A_5(h + vi)^t + A_6(h - vi)^t$　（補助関数）
　　⇩（上記の関数の三角関数への変換）
上式のままでは y_c を解釈することは困難です。「ド・モアブルの定理」を用いると，
　　$y_c = A_5(h + vi)^t + A_6(h - vi)^t$
　　　　$= A_5 R^t(\cos\theta t + i\sin\theta t) + A_6 R^t(\cos\theta t - i\sin\theta t)$
　　　　$= R^t\{(A_5 + A_6)\cos\theta t + (A_5 - A_6)i\sin\theta t\}$
　　　　$= R^t\{A_7 \cos\theta t + A_8 \sin\theta t\}$　（補助関数）

ここで、

$R = \sqrt{h^2 + v^2} = \sqrt{a_2}$（Rは共役複素根の絶対値です）、$A_7 = A_5 + A_6$、$A_8 = (A_5 - A_6)i$ です。θ は区間 $[0, 2\pi]$ における角度のラジアン値であり、次の条件を満たしています。

$$\cos\theta = \frac{h}{R} = \frac{h}{\sqrt{a_2}}$$
$$\sin\theta = \frac{v}{R} = \frac{v}{\sqrt{a_2}}$$

──【知っておきましょう】 ド・モアブルの定理──

$(h \pm vi)^n = R^n(\cos n\theta \pm i \sin n\theta)$

──【練習問題】──

$y_{t+2} + (\frac{1}{4})y_t = 5$ の補助関数を求めましょう。

答　θ の値は2つの方程式 $\cos\theta = \frac{h}{R} = 0$, $\sin\theta = \frac{v}{R} = 1$ を満たしているので、表16-2から $\theta = \frac{\pi}{2}$ です。

$$y_c = (\frac{1}{2})^t [A_7 \cos(\frac{\pi}{2})t + A_8 \sin(\frac{\pi}{2})t]$$

⇩ （非同次2階差分方程式の確定解を得るためには、初期条件が必要です）

(A_1, A_2)、(A_3, A_4)、(A_7, A_8) はそれぞれ2つの初期条件によって決定されるものです。

2　均衡の動学的安定性

時間経路 y_t の収束は、$t \to \infty$ のときに補助関数 y_c がゼロに近づくか否かのみに依存しています。

(1) 異なる実根（$b_1 \neq b_2$）のケース

① $|b_1| > 1$, $|b_2| > 1$ ならば、$A_1 b_1^t$, $A_2 b_2^t$ はともに拡張的であり、y_c は発散します。

② $|b_1| < 1$, $|b_2| < 1$ ならば、$A_1 b_1^t$, $A_2 b_2^t$ はともに0に収束するので、y_c は収束します。

③ $|b_1|>1$,$|b_2|<1$ならば,$A_1b_1{}^t$は拡張し,$A_2b_2{}^t$は0に収束します。最終的には,$A_1b_1{}^t$の項が状況を支配し,y_cは発散します。

──【知っておきましょう】　支　配　根──
　絶対値が最大の根は「支配根」と呼ばれています。支配根の絶対値が1より小さいとき,そしてそのときのみ時間経路は収束します。
　⇩
　最終的な収束は支配根のみに依存するにしても,非支配根もまた初期においては時間経路に影響を及ぼします。

(2)　重根（$b_1=b_2$）のケース

　重根の場合の補助関数は,$A_3b_3{}^t$,$A_4tb_3{}^t$の2つの項を含んでいますので,$|b_3|<1$のとき,tの部分と$b_3{}^t$の部分は互いに反対の動きをします。$b_3{}^t$の減衰力はつねにtの拡大力に勝っていますので,収束条件は$|b_3|<1$です。

(3)　複素根のケース（図16－4）

　補助関数$y_c=R^t[A_7\cos\theta t+A_8\sin\theta t]$は周期的変動の型を示してい

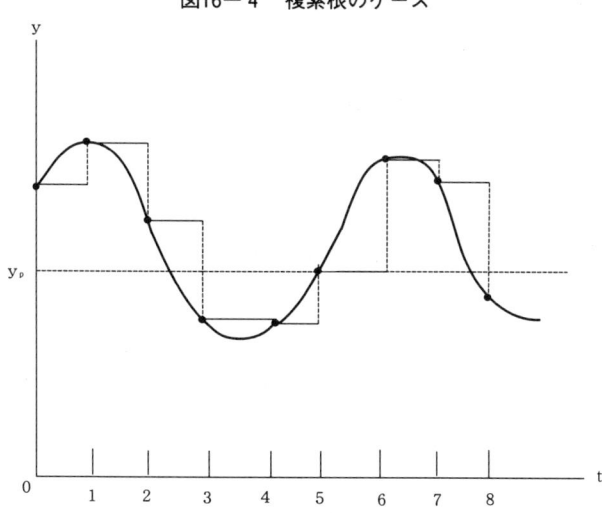

図16－4　複素根のケース

ます。変数 t は整数値（0，1，2，…）のみをとりますので，時間経路は段階的変動を示しています。

⇩

R^t が収束の決定的要素です。$R<1$ のとき，そしてそのときのみ変動は次第に狭くなります。収束条件は R（共役複素根の絶対値）が1より小さいことです。

3　乗数分析と加速度原理の相互作用のモデル

「乗数分析と加速度原理の相互作用のモデル」は2階差分方程式の応用例です。

(1) モデル

$Y_t = C_t + I_t + G_t$ 　　（生産物市場の需給均衡式）
$C_t = c Y_{t-1}$ 　　　　　　（消費関数：$0<c<1$）
$I_t = v(C_t - C_{t-1})$ 　　（投資関数：$v>0$）
$G_t = G_0$ 　　　　　　　　（一定の政府支出）

ここで，c＝消費性向，v＝加速度因子（加速度係数の簡略語）です。

---【知っておきましょう】　誘　発　投　資---
　上記の投資は「誘発」投資と呼ばれています。
　$I_t = v(C_t - C_{t-1}) = v(cY_{t-1} - cY_{t-2}) = vc(Y_{t-1} - Y_{t-2})$
---

(2) モデルの解

$Y_t = C_t + I_t + G_t$
$C_t = c Y_{t-1}$
$I_t = vc(Y_{t-1} - Y_{t-2})$
$G_t = G_0$

　⇩（上記のものを1本の式にまとめます）

$Y_t = c Y_{t-1} + vc(Y_{t-1} - Y_{t-2}) + G_0$

　⇩

$$Y_t - c(1+v)Y_{t-1} + vcY_{t-2} = G_0$$

⇩（添字を2期だけ移動させます）

$$Y_{t+2} - c(1+v)Y_{t+1} + vcY_t = G_0$$

これは非同次2階差分方程式 $y_{t+2} + a_1 y_{t+1} + a_2 y_t = c$ と同種のものです。

⇩

① 特殊積分：Y_p

$$Y_p = \frac{G_0}{1-c}$$

―【知っておきましょう】――

$Y =$ 定数（定常解）のケースを考えると，$Y_{t+2} = Y_{t+1} = Y_t = Y$ であり，$Y - c(1+v)Y + vcY = G_0$ より，$Y = \dfrac{G_0}{1-c}$ を得ることができます。したがって，

$$Y_p = \frac{G_0}{1-c} \quad (ただし，c \neq -1)$$

Y_p は異時間的均衡所得水準です。

――――――

② 補助関数：y_c

 1　$c^2(1+v)^2 - 4vc > 0$ のケース
 2　$c^2(1+v)^2 - 4vc = 0$ のケース
 3　$c^2(1+v)^2 - 4vc < 0$ のケース

⇩

これらの3つのケースは，固有根の一般的性格を表示するものではあっても，Y の時間経路の収束については何も教えていません。

(3) 均衡の動学的安定性

$$Y_{t+2} - c(1+v)Y_{t+1} + vcY_t = G_0 \quad （2階差分方程式）$$

⇩

$$Y_{t+2} - c(1+v)Y_{t+1} + vcY_t = 0 \quad （誘導方程式）$$

⇩（固有方程式）

上記の誘導方程式が，$y_t = Ab^t$ の形の解をもっているものと考え，試してみると，

$$y_{t+2} = Ab^{t+2}$$
$$y_{t+1} = Ab^{t+1}$$
$$y_t = Ab^t$$

ですので，

$Ab^{t+2} - c(1+v)Ab^{t+1} + vcAb^t = 0$ になります。$Ab^t \neq 0$ を消去すれば，

$$b^2 - c(1+v)b + vc = 0 \quad \text{(固有方程式)}$$

を得ることができます。これは「固有方程式」または「補助方程式」と呼ばれています。

【知っておきましょう】

固有方程式は「特性方程式」とも呼ばれています。

⇩

固有方程式は次の2つの「固有根」b_1, b_2 をもっています。

⇩

収束・発散は b_1, b_2 の値に依存し，さらに b_1, b_2 は c, v の値に依存しているので，収束・発散の条件は c, v の値のいかんで示されます。

【知っておきましょう】　2次方程式の2根の間の関係

2次方程式 $b^2 + a_1 b + a_2 = 0$ の2つの根の間には次の関係があります。

$b_1 + b_2 = -a_1$　（2つの根の和）
$b_1 b_2 = a_2$　（2つの根の積）

⇩

上記の固有方程式では，

$b_1 + b_2 = c(1+v)$　（2つの根の和）
$b_1 b_2 = vc$　（2つの根の積）

⇩ (表16－2)

① $c^2(1+v)^2 - 4vc > 0$ （異なる2つの実根）のケース

b_1, $b_2 > 0$ですので，時間経路Y_tは振動しません。

  1 $0 < b_2 < b_1 < 1 \Rightarrow c < 1$; $vc < 1$

  このとき，時間経路Y_tは収束します。

  2 $1 < b_2 < b_1 \quad \Rightarrow c < 1$; $vc > 1$

  このとき，時間経路Y_tは発散します。

  ⇩

  すなわち，時間経路Y_tは$vc < 1$のとき収束し，$vc > 1$のとき発散します。

―【知っておきましょう】――――――――――――――――――――

  $0 < b_2 < b_1 = 1 \Rightarrow c = 1$

  $0 < b_2 < 1 < b_1 \Rightarrow c > 1$

  $1 = b_2 < b_1 \quad \Rightarrow c = 1$

の3つのケースは$c \geqq 1$となり，モデルの仮定と矛盾していますので，排除されます。

――――――――――――――――――――――――――――――

② $c^2(1+v)^2 - 4vc = 0$ （重根）のケース

$b_3 = \dfrac{c(1+v)}{2}$ですので，時間経路Y_tは振動しません。

  1 $0 < b_3 < 1 \Rightarrow c < 1$; $vc < 1$

  このとき，時間経路Y_tは収束します。

  2 $b_3 > 1 \quad \Rightarrow c < 1$; $vc > 1$

  このとき，時間経路Y_tは発散します。

⇩

  すなわち，時間経路Y_tは$vc < 1$のとき収束し，$vc > 1$のとき発散します。

―【知っておきましょう】――――――――――――――――――――

  $b_3 = 1 \Rightarrow c = 1$はモデルの仮定と矛盾していますので，排除されます。

――――――――――――――――――――――――――――――

③ $c^2(1+v)^2 - 4vc < 0$（複素根）のケース

このとき，時間経路 Y_t は段階的変動を示します。

1 $R < 1 \Rightarrow vc < 1$

このとき，時間経路 Y_t は収束します。

2 $R = 1 \Rightarrow vc = 1$

3 $R > 1 \Rightarrow vc > 1$

⇩

すなわち，時間経路 Y_t は $vc < 1$ のとき収束し，$vc > 1$ のとき発散します。$vc = 1$ のとき，時間経路 Y_t は段階的変動を示しますが，拡張的でも減衰的でもありません。これは「一様段階変動」と呼ばれています。

表16－2　固　有　根

ケース	細分類	vおよびcの値	時間経過 Y_t
1　異なる実根	$0 < b_2 < b_1 < 1$	$vc < 1$	非振動および非変動
$c > \dfrac{4v}{(1+v)^2}$	$1 < b_2 < b_1$	$vc > 1$	非振動および非変動
2　実数の重根	$0 < b_3 < 1$	$vc < 1$	非振動および非変動
$c = \dfrac{4v}{(1+v)^2}$	$b_3 > 1$	$vc > 1$	非振動および非変動
3　複素根	$R < 1$	$vc < 1$	段階変動
$c < \dfrac{4v}{(1+v)^2}$	$R \geqq 1$	$vc \geqq 1$	段階変動

―【知っておきましょう】――――

補助関数 $y_c = R^t[A_7 \cos\theta t + A_8 \sin\theta t]$ の R^t が収束の決定的要素です。収束条件は R（共役複素根の絶対値）が1より小さいことです。

⇩

$y_{t+2} + a_1 y_{t+1} + a_2 y_t = 0$ については，$R = \sqrt{a_2}$ でした。

$Y_{t+2} - c(1+v) Y_{t+1} + vc Y_t = 0$ では，$R = \sqrt{vc}$ です。

4 複素数と円関数

(1) 複 素 数

2次方程式 $b^2 + a_1 b + a_2 = 0$ について，$a_1^2 - 4a_2 < 0$ のとき，それは（共役）複素根をもっています。すなわち，

$$b_1, b_2 = h \pm vi \quad (h, v は実数)$$

です。実数hの2乗はつねに正ですが，虚数 $i \equiv \sqrt{-1}$ の2乗は -1 です（$i^2 = -1$）。

⇩

hは実数部分，vは虚数部分，iは虚数単位とそれぞれ呼ばれています。実数部と虚数部を含む数「$h \pm vi$」は「複素数」と呼ばれています。

―【知っておきましょう】――――――――――――
$\sqrt{-9} = \sqrt{9} \cdot \sqrt{-1} = 3i$

―【知っておきましょう】――――――――――――
$a + bi = c + di \Leftrightarrow a = c, b = d$
$a + bi = 0 \quad\quad \Leftrightarrow a = 0, b = 0$

(2) 複素数の図示（図16-5）

「$R^2 = h^2 + v^2$」は「ピタゴラスの定理」（直角三角形の斜辺の2乗は他の2辺の2乗の和に等しい）と呼ばれているものです。

⇩

Rの値は複素数の「絶対値」と呼ばれています。

(3) 円 関 数（図16-6）

$$\sin\theta \equiv \frac{v}{R} = \frac{垂辺}{斜辺} \quad (\theta の正弦(サイン)関数)$$

$$\cos\theta \equiv \frac{h}{R} = \frac{底辺}{斜辺} \quad (\theta の余弦(コサイン)関数)$$

$$\tan\theta \equiv \frac{\sin\theta}{\cos\theta} = \frac{垂辺}{底辺}$$

$$\equiv \frac{v}{h} \quad\quad\quad (\theta の正接(タンジェント)関数：h \neq 0)$$

236　第4部　マクロ経済学のための基礎数学

図16－5　複素数の図示

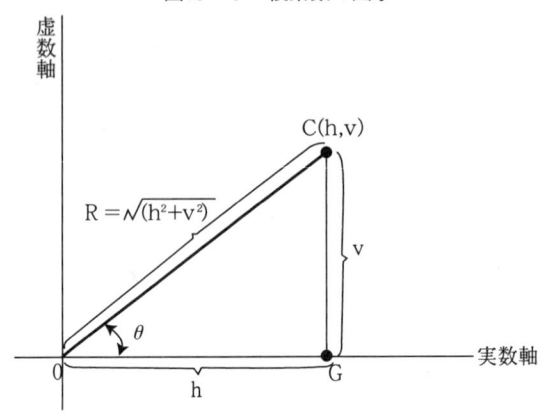

図16－6　円関数

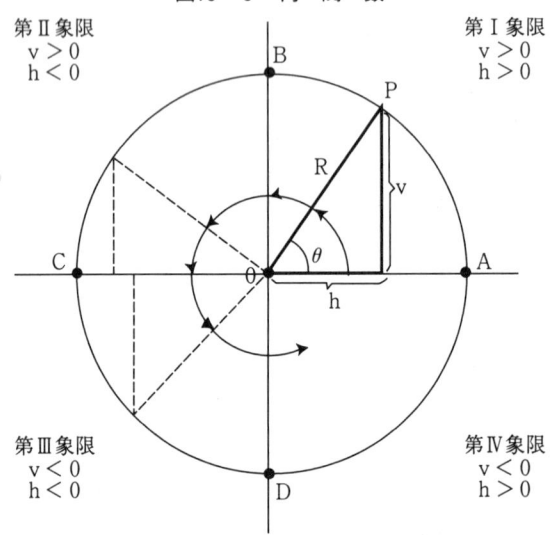

⇩

上記の関数は1つの円と関連づけられているので,「円関数」と呼ばれています。これらはまた三角形とも関連しているので,「三角関数」とも呼ばれています。

⇩

円関数の独立変数は角度 θ です。

---【知っておきましょう】 度とラジアンと三角関数---

角度は通常は「度」(30°, 45°など) で測られています。しかし,解析学的には「ラジアン」で測った方が便利です。

① 度とラジアン(表16-3)
② ラジアンと三角関数(表16-4)

表16-3 度とラジアン

度	360	270	180	90	45	0
ラジアン	2π	$\dfrac{3\pi}{2}$	π	$\dfrac{\pi}{2}$	$\dfrac{\pi}{4}$	0

表16-4 ラジアンと三角関数

	0	$\dfrac{1}{2}\pi$	π	$\dfrac{3}{2}\pi$	2π
$\sin\theta$	0	1	0	-1	0
$\cos\theta$	1	0	-1	0	1

---【知っておきましょう】 $\operatorname{cosec}\theta$, $\sec\theta$, $\cot\theta$---

$$\operatorname{cosec}\theta \equiv \frac{1}{\sin\theta}$$

$$\sec\theta \equiv \frac{1}{\cos\theta}$$

$$\cot\theta \equiv \frac{1}{\tan\theta}$$

---

(4) 正弦関数・余弦関数の性質

① $\sin(\theta + 2n\pi) = \sin\theta$
② $\cos(\theta + 2n\pi) = \cos\theta$

③ $\cos\theta = \sin(\theta + \frac{\pi}{2})$

④ $\sin(-\theta) \equiv -\sin\theta$

⑤ $\cos(-\theta) \equiv \cos\theta$

⑥ $\sin^2\theta + \cos^2\theta \equiv 1$

ここで, $\sin^2\theta \equiv (\sin\theta)^2$, $\cos^2\theta \equiv (\cos\theta)^2$

⑦ $\sin(\theta_1 \pm \theta_2) \equiv \sin\theta_1\cos\theta_2 \pm \cos\theta_1\sin\theta_2$

⑧ $\cos(\theta_1 \pm \theta_2) \equiv \cos\theta_1\cos\theta_2 \mp \sin\theta_1\sin\theta_2$

⑨ $(\frac{d}{d\theta})\sin\theta = \cos\theta$

⑩ $(\frac{d}{d\theta})\cos\theta = -\sin\theta$

(5) 共役複素数の三角関数への変換

共役複素数 ($h \pm v\,i$) は次のように変換できます。

$$h \pm v\,i = R(\cos\theta \pm i\sin\theta)$$

【知っておきましょう】

$(h \pm v\,i)^t = R^t(\cos t\theta \pm i\sin t\theta)$

すなわち,

$\{R(\cos\theta \pm i\sin\theta)\}^t = R^t(\cos t\theta \pm i\sin t\theta)$ （t は整数）

⇩

$(\cos\theta \pm i\sin\theta)^t = \cos t\theta \pm i\sin t\theta$ は「ド・モアブルの定理」と呼ばれています。

<著者紹介>

滝川　好夫（たきがわ・よしお）

1953年	兵庫県に生れる
1978年	神戸大学大学院経済学研究科博士前期課程修了
1980〜82年	アメリカ合衆国エール大学大学院
1993〜94年	カナダブリティシュ・コロンビア大学客員研究員
現　在	神戸大学大学院経済学研究科教授
	（金融経済論，金融機構論，生活経済論）

主　著　『現代金融経済論の基本問題
　　　　　　—貨幣・信用の作用と銀行の役割—』(勁草書房) 1997年7月
　　　『ミクロ経済学の要点整理』(税務経理協会) 1999年3月
　　　『マクロ経済学の要点整理』(税務経理協会) 1999年4月
　　　『金融論の要点整理』(税務経理協会) 1999年11月
　　　『経済学の要点整理』(税務経理協会) 2000年1月
　　　『あらゆる試験に対応できる
　　　　　経済学の楽々問題演習』(税務経理協会) 2000年10月
　　　『文系学生のための 数学・統計学・資料解釈のテクニック』
　　　　　　　　　　　　　　　　　(税務経理協会) 2002年6月　他

著者との契約により検印省略

平成12年6月15日　初　版　発　行
平成14年8月20日　初版3刷発行

経済学計算問題の 楽々（らくらく）攻略法

著　者　　滝　川　好　夫
発行者　　大　坪　嘉　春
印刷所　　税経印刷株式会社
製本所　　株式会社 三森製本所

発行所　東京都新宿区　株式　税務経理協会
　　　　下落合2丁目5番13号　会社
郵便番号 161-0033　振替 00190-2-187408　電話(03)3953-3301(大代表)
　　　　　　　　　FAX (03)3565-3391　　(03)3953-3325(営業代表)
　　　　　URL http://www.zeikei.co.jp/
　　　　　乱丁・落丁の場合はお取替えいたします。

　Ⓒ　滝川好夫 2000　　　　　　Printed in Japan

本書の内容の一部又は全部を無断で複写複製（コピー）することは、法律で認められた場合を除き、著者及び出版社の権利侵害となりますので、コピーの必要がある場合は、予め当社あて許諾を求めて下さい。

ISBN4-419-03565-X C2033